講談社選書メチエ
792

国鉄史

鈴木勇一郎

MÉTIER

はじめに

本書は、日本という国家が所有した鉄道について、その明治以来の「通史」を描こうとするものです。二〇二三年現在、国鉄の路線網を継承したＪＲと、それを中心とした日本の鉄道のあり方は、根本的な変革の必要に迫られています。それは単に交通機関の問題にとどまるものではありません。鉄道は地域社会のあり方と深くつながる存在であり、その存立を問うことはすなわち、社会全体のグランドデザインを考えることそのものと言っても、けっして過言ではありません。

本書は、そうした問題意識のもとに国鉄の通史を描こうという試みです。特に注目するのが、人と組織です。歴代総裁をはじめとする国鉄を動かしてきた人物と、彼らが思い描いた施策を形にし、あるいは時に抵抗した組織のあり方、さらにそうした動きを規定した法や制度にも目を配ることを意識して、国鉄とは日本社会にとっていかなる存在であったのかということを、なるべくクリアに浮かび上がらせていきたいと思います。

本書で述べることは必ずしも輝かしいことばかりではありません。困難や蹉跌ということにも紙幅を割いています。明暗をともに見据えることで、国鉄というものが体現した日本近代のダイナミズムの一端を描くことができていれば幸いです。

プロローグ　「鉄道一五〇年」と国鉄

見えていたはずの危機

二〇二〇年に始まる新型コロナウイルス感染症を機に、日本の社会は大きく変化しました。鉄道もその例外ではありません。それまでにない急激な乗客の減少に見舞われ、経営の前提がおおきく揺らいでしまいました。

乗客が減少するという状況が早晩やってくることは、コロナ禍以前からわかっていたことでした。人口動態を見れば、自然と予測されることだからです。すでに二〇一〇年代の前半には、日本の人口が減少し、地域や都市、ひいては国家のあり方に大きな影響を及ぼすという警鐘が盛んにならされるようになっていました。[1]人口の減少は遠い将来のことではないことは言うまでもなく、現在繁栄を謳歌している東京の中ですら、消滅する地域があると警告されたのです。

しかし、筆者も含めて大多数の人びとは、どこか現実感をもってそのことを受け止めていませんでした。まだ先の話だと高を括っていたのです。すでに各地では本格的に人口の減少が進み、地方の力が相当落ちていたのですが、[2]とりわけ都市部に暮らしている多くの人にとっては、そうしたことは遠くのごく一部の地域のことだと、どこか他人事のように感じていたのではないでしょうか。

ところがコロナ禍は、こうした状況を一挙に現実のものとして、わたしたちの眼前に突きつけました。もう少し先に生じるはずだった状況が、想定外の事態で到来が早まったにすぎないとも言えますが、いずれにせよ、人口の減少にともなって日本社会のあらゆるところで様々な問題が表面化することになるでしょう。[3]

鉄道、特に地方の鉄道は、ある意味でわかりやすく、そうした近未来の日本の姿を考える材料を提供してくれていると見ることができます。[4]言うなれば、鉄道のあり方を考えるということは、今後の日本の姿を考えることになるのです。そうした事態がもっとも早く顕在化したのが、ＪＲ北海道だと言えます。コロナ禍以前からすでに従来の路線を維持できなくなっており、路線の廃止が進んでいました。そしてコロナ禍によってさらに乗客減に拍車がかかり、今後の経営状況が危惧される事態となっています。

そうした北海道の苦境とは対照的に、コロナ禍前はＪＲ東日本やＪＲ東海、ＪＲ西日本のいわゆる本州三社の経営は基本的に好調で、大きな利益を上げてきました。もちろん、本州三社もコロナ禍によって大きく乗客を減らし、地方のローカル線の存廃が取りざたされる状況になっています。今後は人口減少が本格化していくわけですから、経営の行く末は予断を許しません。ですが現状においては、ＪＲ北海道や、ＪＲ四国、ＪＲ九州のいわゆる三島《さんとう》会社やＪＲ貨物と、本州三社の経営状態には大きな格差が生じていることは否定できません。

さて、いま「三島会社」「本州三社」という言い方をしたように、ＪＲは複数の経営体に分かれて運営されています。しかし、かつては「国鉄」として全国一元的な経営がされていました。国鉄、すなわち日本国有鉄道という公社が、一九八七年に分割民営化して誕生したのがＪＲです。つまりＪＲ

は国鉄から生み出された鉄道だと言えます。先ほど述べたとおり、現在、北海道をはじめとするＪＲ各社は、さまざまな問題に直面していますが、それらの諸問題の根は、ＪＲという公共鉄道企業が誕生したとき、いや、さらにさかのぼって国鉄というものの歴史の中に、深く埋め込まれていると筆者は考えています。

国鉄がどのように生み出され、いかにしてＪＲが誕生するに至ったのか。日本の公共交通システムが今後どのような方向に進むにせよ、現在起こっている問題がどのような過程を経て生じてきたのかを見ていくことは欠かせません。いまこそ、まず国鉄とは何だったのかということを明らかにすることが重要なのです。

本書では、国鉄という存在を歴史的に検討するとともに、それが現在のＪＲ、日本の全国公共交通システムにどのように受け継がれていったのかを明らかにしていきたいと思います。

日本近代史上最大の組織

公共企業体であった日本国有鉄道には、常時四〇万人以上の従業員がいました。これは史上まれに見る巨大組織といっていいでしょう。戦時中の旧日本陸軍は、約三〇〇万人もの人員を擁していたので、それに比べるとずっと少ないことはたしかです。しかし、これは総力戦体制下の大量動員による、特殊な状況であったことは明らかです。日中戦争勃発前の一九三六年時点で常備兵力は約二九万人でした。つまり、戦後の国鉄は平時の帝国陸軍をしのぐ規模の人員を常時抱えていたのです。そうした意味で、戦後の国鉄は、近代史上日本が持った最大の組織のひとつであり、当然ながら、当時の日本社会において大きな存在感を発揮していたのです。分割民営化により、この組織が突如消滅したことは、単に鉄道の運営主体が変わったということにとどまらない、現代の日本社会全体にかなりのインパクトをもたらした出来事でした。

実際、かつての日本社会における国鉄の影響力は極めて大きなものでした。たとえば戦後史の大きな転換点として知られる、一九四七年の「二・一ゼネスト」という出来事にもその一端がうかがわれます。これは戦後計画された最大規模のストライキ計画で、最終的には、当時の占領軍総司令官マッカーサーの指令で直前になって中止となったものです。全官公庁労組拡大共同闘争委員会議長の伊井弥四郎《いいやしろう》が「一歩退却、二歩前進、労働者農民ばんざい」と涙ながらにラジオで中止を発表する姿は、戦後史を語る際には欠かせないひとコマと言えるでしょう。さて、その割にはあまり知られていないことですが、このゼネストの中心を担っていたのが国鉄の労働組合であり、議長の伊井自身が国鉄の組合員でした。こうした事実は当時の国鉄という組織の存在感を端的に示していますし、それが現在ほぼ意識されていないように、当時の国鉄が

NHKラジオでゼネスト中止を告げる伊井弥四郎　1947年1月31日。共同通信社

日本社会の中で占めていた位置の大きさは、今となってはわかりにくくなっているとも言えます。

国鉄＝「国が経営する鉄道」か？

一九八七年に日本国有鉄道が終焉を迎えたときは、いまだその存在感は社会の中でも大きなものでした。新聞や雑誌などには「国鉄一一五年の歴史に幕」といった表現が躍り、その歴史の長さが強調されていました。しかしながら、「国鉄一一五年」という捉え方は、現在の筆者の視点からは、やや一面的に過ぎるものに思えてなりません。

たしかに、国鉄を「国が経営する鉄道」と捉えるならば、一一五年というのは必ずしも嘘ではありません。明治五（一八七二）年に開業した新橋・横浜間の鉄道は官営、つまり政府の直営でしたから、一九八七年時点ではたしかに一〇〇年以上が経過しています。しかし、国の鉄道が全国の路線を一元的に管理する体制という意味で捉えるとすると、その実現は意外に遅く、日露戦争後のことになります。

明治政府は最初の新橋・横浜間の鉄道を作ることができたものの、さらに路線を全国に建設して経営するだけの財力はありませんでした。そこで政府は、民間の出資を仰いで株式会社を設立し、鉄道を建設することにしたのです。

こうしてできたのが日本鉄道という私鉄です。日本鉄道は、主に東北方面へ路線を展開していきました。この会社は政府の肝煎りで作られたいわば半官半民の私鉄でしたが、その後、純然たる民間資本の私鉄が次々と出現します。山陽地方や九州、関西といった地域の鉄道ネットワークの多くは、そ

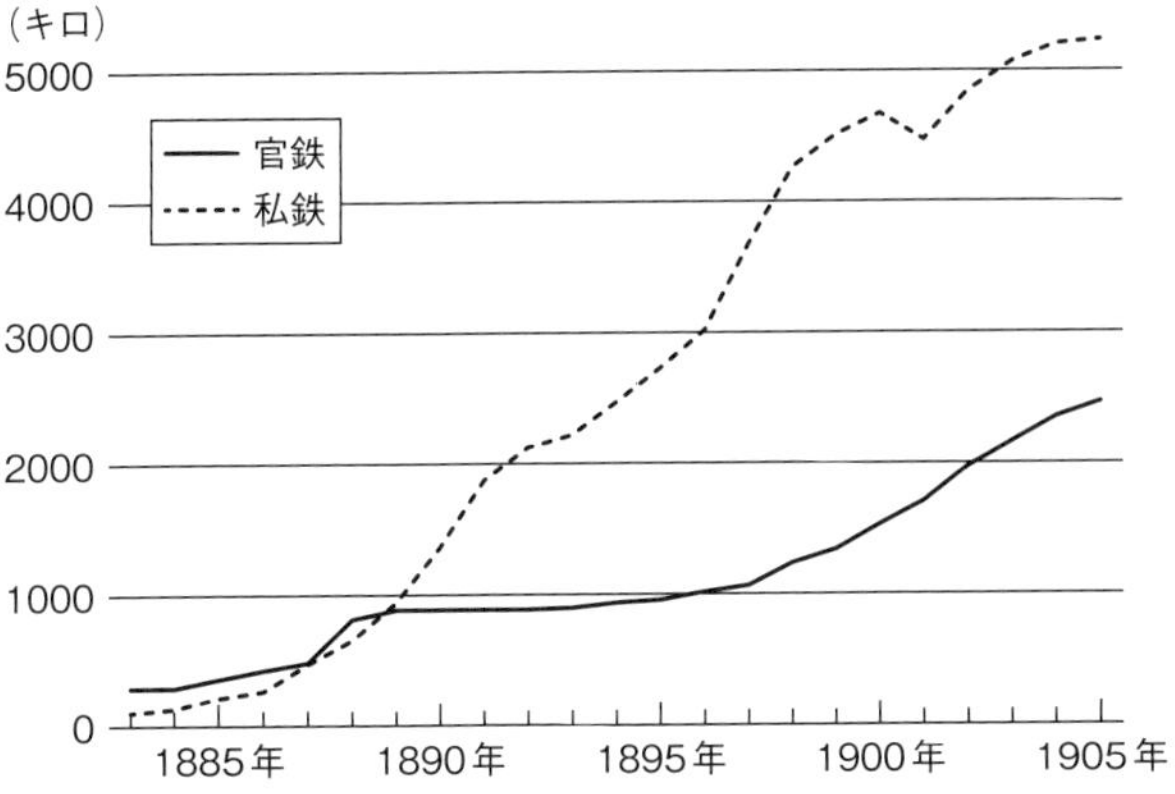

官私鉄営業距離の推移　『鉄道局年報　明治38年度版』より作成

うした私鉄によって形作られていきました。こうして、明治二〇年代以降日本の鉄道は、私鉄が官鉄の路線延長を上まわるようになります。明治時代は私鉄の時代だったのです。多くの民間鉄道会社が存在し、その中に国が経営する鉄道も一部にはあった、というのが当時の実態でした。

こうした体制を根本的に変革したのが、鉄道国有化でした。一九〇六年に鉄道国有法が施行されると、政府は全国の主要な私鉄を買収しました。ここで重要なことは、全国的なネットワークを担う鉄道は国家が統一的に経営するという原則が確立したことです。逆に言えば、私鉄は地域交通を担う役割だけの存在とされたのです。

一般的な国鉄のイメージというのは、こうした全国一体のネットワークを持つ鉄道というものでしょうが、それは明治初期の鉄道創業時からあったものではなく、日露戦争後の鉄道国有化にその直接の起源があったのです。以降、帝国鉄道庁、鉄道院、鉄道省、そして日本国有鉄道と、その組織は変遷を重ねながら、政府が直接鉄道を経営するという体制が続いたことは事実です。とは言え、JR誕生の時に流布されたような、「国鉄による一元的なネットワークの歴史が一〇〇年以上も続いていた」というイメージは、実際の歴史からはかなり乖離したものでした。

こうしたイメージが定着するようになった原因はいくつもありますが、その中でも有力なものの一つに学者たちの意向がありました。鉄道の歴史を専門に研究する鉄道史学会という学術団体があり、かつてそこで中心的な役割を果たした研究者の一人に原田《はらだ》勝正《かつまさ》という人物がいます。原田は、国鉄が自らの歴史をまとめた正史の編纂に長く携わった国鉄史の専門家でした。原田が執筆した国鉄の歴史を概観する書籍『日本の国鉄』では「一〇〇年を越えた国鉄の歴史」[5]と、その歴史の長さを強調しています。そして、いま述べた原田が編纂に関わった国鉄の正史も、『日本国有鉄道百年史』と題されていました。

原田の『日本の国鉄』が刊行されたのは、国鉄分割民営化が具体的な政治課題となり始めていた一九八四年のことでした。原田をはじめとする当時の鉄道史研究者の多くは、濃淡の差こそあれ、国鉄分割民営化には批判的な目を向けていました。そうした彼らが、できる限り国鉄の歴史を長くとって、その「伝統」を強調することで、分割民営化の動きに対抗しようとした側面がなかったとは言えません。

一方で「国鉄」を一九四九年に誕生した公共企業体日本国有鉄道に限定して見るという考え方もあります。鉄道史学会の二〇一八年大会は、「日本国有鉄道（ＪＮＲ）の再検討」を共通論題として議論しましたし、[6]ＪＲ九州の初代社長を務めた石井幸孝《よしたか》の著作でも、基本的に戦後の国鉄に焦点をあてています。[7]もちろん、国鉄の経営が破綻しＪＲが誕生した経緯を考える上で、こうした視点が重要なことは言うまでもありません。ですが、後に触れるように、国家が鉄道の基本ネットワークを保持するという意味での国鉄は、日露戦争後つまり二〇世紀の初めには確立しており、国鉄という組織の性格を考えるためには、第二次世界大戦以降に特化するのでは不十分とも言えます。

とは言え、右のような研究上の論点はともかく、一般的には国鉄＝鉄道創業時から一〇〇年以上の歴史をもつ組織、という見方は広く共有されていると言ってよいでしょう。

国鉄総裁「最後の生き残り」の遺言

それでは、「国鉄一〇〇年」という前提をはずし、より実態に即した歴史の捉え方をするならば、それはどのようなものになるでしょうか。

一九八〇年代に国鉄総裁を務めた仁杉《にすぎ》巖《いわお》という人物が、日本の鉄道の歴史の見方について興味深いことを述べています。一九一五年生まれで二〇一五年に一〇〇歳で亡くなった国鉄総裁「最後の生き残り」による、晩年近くのコメントです。

「国鉄は昭和24年（1949）に出来て昭和62年（1987）に分割民営化されて、38年で幕を閉じた。私鉄を買収して鉄道国有化が行われたのが明治39年（1906）だから、日本の鉄道は大体40年ぐらいの周期で変わってきている」[8]

日本の鉄道の経営体制は、おおむね四〇年前後で変わってきたというのです。あらためて整理すると、一八七二年に日本の鉄道が開業してから日露戦争後の鉄道国有化までが第一期、その後、国が直接鉄道を運営する第二期が続き、一九四九年に公共企業体の日本国有鉄道となった国鉄が一九八七年に分割民営化されるまでが第三期と考えると、それぞれの期間がだいたい四〇年ということになるというわけです。このような捉え方と、国鉄一〇〇年という捉え方とでは、歴史の見え方が大きく異なってくることは言うまでもありません。

これまでにも、日本の鉄道、とりわけ国鉄の歴史に焦点を当てた研究や著作は、決して少なくありません。しかし、その多くは国鉄が明治の初めから昭和の終わりまで、一〇〇年以上続いてきたことを前提としています。少なくとも、日本の鉄道の基本的な体制という点では、かなり平板な歴史像が描き出されてきたのです。

四〇年ごとに体制が変革していたのだと考えれば、それぞれの時期を見ていくことで、それぞれの時期の特徴もクリアに浮かび上がらせることができます。鉄道の建設は、計画から実際に営業を始めるまでに多くの時間を費やすものであり、その影響は長期に及びます。ですから、その動態を正しくとらえるためには、とりわけ長い時間軸の中で歴史を見ていくことが必要なのです。

日本の鉄道を四〇年周期で捉える

仁杉の回顧をふまえると、日本の鉄道の歴史は大きく四つの時代に分けることができます。

まず、明治時代の私鉄が主役だった時代、次に、日露戦争後に多くの私鉄を買収した政府が直営した時代、さらに、第二次世界大戦後、国鉄が公社化されて日本国有鉄道となった時代、そして現在の

ＪＲの時代です。

私鉄の時代　一八七二―一九〇六［本書第一部第一章］
国家直営の時代　一九〇六―一九四九［本書第一部第二章］
公社の時代　一九四九―一九八七［本書第二部］
ＪＲの時代　一九八七―現在［本書エピローグ］

本書ではこれから、日本の鉄道の歴史を、鉄道がいかにあるべきかというグランドデザイン、その実現のための経営体制、そしてそれを動かしてきた人物ということに焦点を当てて描き出していきます。それにあたって、この四つの時代区分という捉え方は、たいへん見通しをよくしてくれるので、これに従って議論を進めていきたいと思います。

第一部

「国鉄」形成の道程

第一章　私鉄の時代（一八七二―一九〇六）

1　官設鉄道の誕生

最初の鉄道構想

一八七二（明治五）年一〇月一四日、新橋・横浜間に日本で初めての鉄道が開業しました。二〇二二年一〇月一四日は鉄道開業一五〇周年の日とされ、二〇一九年に高輪《たかなわ》ゲートウェイ駅付近の再開発工事の際に高輪築堤が地中から発見されていたこともあいまって、その折には「新橋・横浜間の日本初の鉄道」が大いに注目されました。

明治政府がこの鉄道の建設を決めたのは一八六九年一二月のことでした。このとき、東西両京間、東京・横浜間、琵琶湖近傍・敦賀間、京都・大阪・神戸間の建設を決定したとされています[1]。

「されています」などと伝聞調で記したのは、実はこの決定については、大正時代に編纂された『日本鉄道史』に簡単な記述があるだけで、詳細がよくわかっていないからです。一五〇年前といっても日本全体の歴史からするとそんなに古いことではないですし、鉄道という近代国家の大きなプロジェクトの方針を決定するという大きな出来事であるはずですが、肝心な史料が残っていないことには驚かされます。

ともあれ、その当時の構想は、東京と西京（京都）という二つの首都、港湾と主要都市、さらに日本海側の敦賀と琵琶湖を介して、太平洋側との連絡を図るという、当時の海運中心の交通体系を前提としたものだったようです。この時期、すでに明治天皇は東京に移っていたとは言え、京都から正式に遷都したというわけではありません。京都と東京（江戸）を鉄道で結ぶことは政治の安定のためにも必要であり、維新の初期から唱えられてきた構想でした。[2]一応は、国土全体のグランドデザインをふまえた路線構想だったのです。

その中でも、まっさきに建設されることになったのが、東

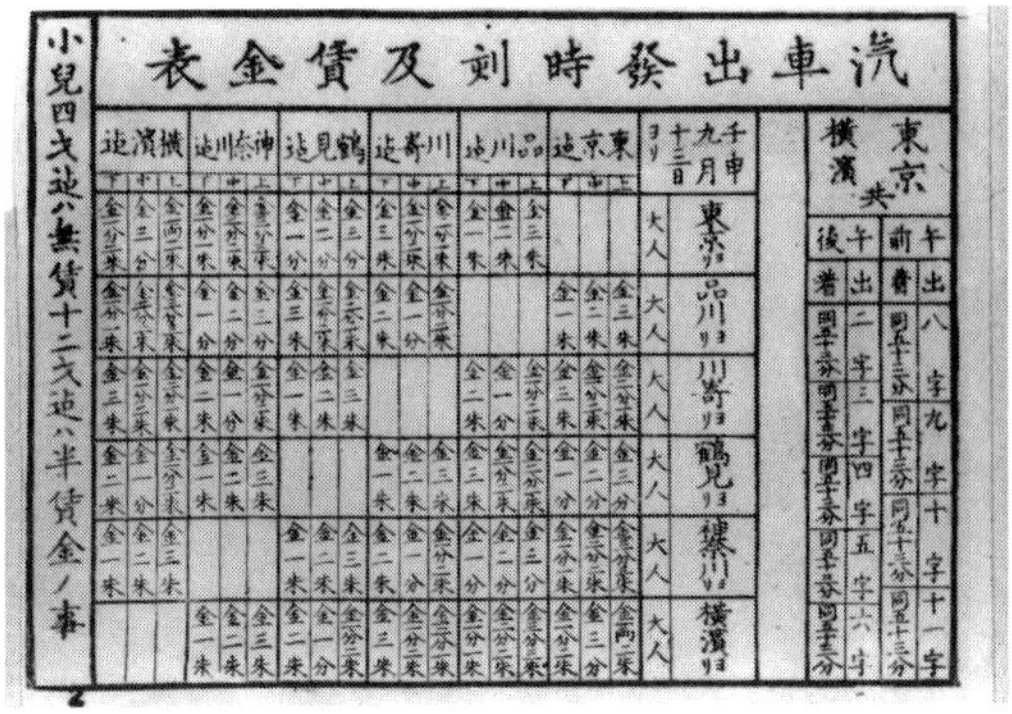

新橋・横浜間開通当時の時刻運賃表　毎日新聞社

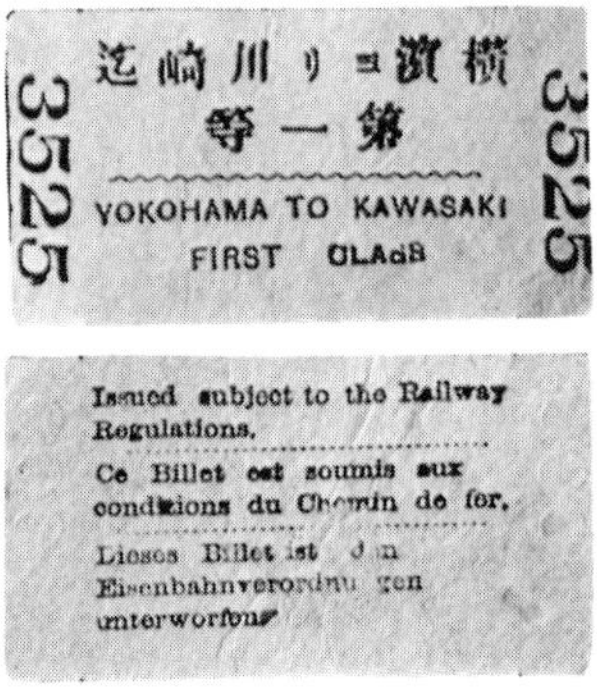

横浜・川崎間第一等車の乗車券
創業から1877年当時のもの。『日本国有鉄道百年写真史』（交通協力会、1972年）

京・横浜間の路線でした。これを急いだのは、各国の商館や公館が集中していた貿易港横浜と首都である東京を結ぶためです。いわば国家的な目的を持った鉄道だったのです。

一八七二年一〇月の本開業時点で置かれた停車場は、新橋、品川、川崎、鶴見、神奈川、横浜の六駅です。当時の川崎は東海道の宿場町で、のちの工業都市としての性格はみじんもありません。むしろ川崎大師への玄関口という性格が強い街でした。本来、新橋・横浜間鉄道は国家的な目的のために敷設されたもので、沿線の地域振興は考慮の外だったはずです。しかし目的と実態はしばしば乖離するもので、実際に開業してみると、当初から川崎大師の縁日には臨時列車を運行するなど[3]、当時の鉄道当局は地域の需要に敏感な対応を見せていました。

「鉄道は国家が運営するもの」とは限らない

新橋・横浜間の鉄道は官設官営方式で開設されましたが、政府の方針が当初からそのようにまとまっていたわけではありませんでした。工部省が官設官営を主張していたのに対し、大蔵省は民間資本の鉄道会社の設立を期待しており、当初から意見の隔たりは大きいものでした[4]。

日本では国鉄が長く存在していたので、鉄道は国が経営することが自然と原則になったように思われるかもしれません。また、イギリスやフランス、イタリア、ドイツといったヨーロッパの主要諸国にも軒並み長らく国鉄がありましたから、欧米に学んで鉄道を導入した日本が、それに倣って自動的に鉄道の運営は国家が担うという選択をしたようにも見えます。ですが、実は当時の世界において「国鉄」があった国はきわめて稀でした。ここでいう国鉄とは、一国の鉄道は基本的に国が運営することが原則となっているという体制のことを指します。

一八七〇年代のこの時期、鉄道発祥の国イギリスやフランスでは、鉄道と言えばすべて私鉄で、政府が運営する鉄道はまだ存在しませんでした。ドイツはまだ国家を統一したばかりでしたが、南部の領邦で国有鉄道があるくらいで、北部や西部では私鉄が中心を占めていました。[5]

新橋駅に停車する旅客列車　1880年ごろ。『日本国有鉄道百年写真史』

国家が鉄道を運営する体制をいち早く導入したのがベルギーでした。ベルギーは、イギリスを中心とする列強の思惑により一九世紀に入って成立した新興国家です。国内ではオランダ語、フランス語などを話す人々や地域が混在しており、現在でも国家統一を維持するために非常に苦労が絶えません。[6] 統一を維持するためには、それだけ国家の指導力が必要だったのです。そうした中で、ベルギーは一八三五年に国有鉄道を設立し、首都ブリュッセルを中心に東西南北に国土を縦貫する幹線網を建設しました。国鉄を統一国家維持の重要な装置と位置づけたのでした。このベルギーの国鉄は、世界最初の国鉄とも言われます。とは言え、そのベルギーでもこの時点で国家が鉄道を運営するという原則が確立したわけではなく、私鉄のほうが優勢ではありました。[7]

ヨーロッパの各国で主要な私鉄が国有化され、「国鉄」が誕生するのは、二〇世紀に入り世界大戦を経験してからのことになります。フランス国鉄の誕生は一九三八年、イギリスに至っては第二次世界大戦後の一九四八年に国鉄が誕生しています。ドイツでも国民国家レベルで統一的な鉄道が誕生したのは第一次世界大戦後のことでした。世界最初の国鉄が誕生したベルギーでも、国家が一元的に鉄道を担うという体制が確立したのは一九二六年になってからのことです。[8]

こうした当時の世界的な状況を踏まえると、日本が鉄道を初めて導入した一八七〇年代に、国家が鉄道の建設・運営を担うという国鉄方式を採用ということは、所与の前提ではなかったばかりか、ずいぶんと先走ったことをしたことになります。

技術も資本もない国で

当時、日本に来ていた外国人たちは、自らの主導で鉄道を建設していくことをもくろみ、さかんに鉄道敷設計画を明治政府に願い出ました。当時欧米各国が進出していたアジアの国々においては、外資が主導して鉄道を敷設する「外国管轄方式」が一般的でした。しかし、当然ながらそれは、欧米各国が経済的な支配を進める手段でもありました。

当時の政府は、こうした外国人主導による鉄道計画をすべて退け、日本政府が主体となって鉄道敷設を進める「自国管轄方式」を選択しました。もちろん、自国主導で事業を進めるからといって、必ずしも「官営」でなければならないというわけではありません。大蔵省が期待したように、民間が担うということも原理的にはありえました。ですが、当時の日本の状況においては、鉄道のような新規の技術と大掛かりな資本を要する事業を、民間主導で進めることは現実的ではありませんでした。

鉄道を敷設し運営していくためには、従来の日本にはなかったような、大規模な設備や新しい技術が必要となりました。高輪築堤の石垣のように江戸時代から蓄積してきた技術やノウハウが生かされることもありましたが、基本的には、鉄道という巨大な近代的システムをほぼ丸ごと受け入れるしかなかったのです。

　近代システムを丸ごと移植するということは、それまでに存在しなかった多岐にわたる仕事を担うための、数多くの要員を自前で養成・確保する必要があるということです。それにあたっては、鉄道建設を主導したエドモンド・モレルのような技師をはじめ、機関士や機関助士、保線掛などに相当するさまざまな職種においてお雇い外国人たちを受け入れることも欠かせません。[9] こうした、きわめて大きな事業を手がけることができる民間組織は、当時の日本には存在し得ませんでした。

　民間の技術や資本の蓄積が十分ではない当時の日本では、鉄道に限らず多くの新規事業が政府の直営で出発しています。富岡製糸場しかり、煉瓦やガラス工業、さらには洋服製造といった、あとから見ると考えられないような事業が官営として発足していたのです。工場や鉱山といった近代的な技術や大規模な資本が必要な産業は、政府が直接作るしか仕方がなかった面もあります。そうした明治政府の殖産興業政策の一環として、鉄道も政府の直営で始まったという見方もできるでしょう。巨額の資本と高度な技術が必要となる鉄道敷設のために、日本は開発独裁的にとりあえず国家が鉄道を導入したわけです。

　そうして、日本最初の鉄道は官設官営となり、工部省の一部局である鉄道寮が実際に運営を担う役所となりました。鉄道寮は、建築課、運輸課、技術課といったいくつかの部局のみが置かれました。

その後鉄道寮は、鉄道の発達とともに大きな組織となっていきます。関西地方に鉄道を建設するため京都や神戸に出張所が設けられ、神戸・京都間が開業し二路線となった一八七七年には、鉄道局と改められます。さらに鉄道局は、のちには官設鉄道の運営だけでなく私鉄の監督行政も担うようになります。[10] ですが、当初の鉄道寮は、右に述べたような非常にコンパクトな組織としてスタートしました。

2 「鉄道の父」井上勝

「長州ファイブ」のひとりとして

鉄道寮が誕生し、その最高責任者である鉄道頭の初代となったのは、井上勝《いのうえまさる》という人物でした。鉄道導入の初期から、政府における鉄道政策を一手に担った井上は、「鉄道の父」と呼ばれています。井上は元長州藩士で、遠藤謹助《えんどうきんすけ》、山尾庸三《やまおようぞう》、伊藤博文《いとうひろぶみ》、井上馨《いのうえかおる》らとともに藩によって密かにイギリスへ留学した、今日いわれる「長州ファイブ」の一人でした。

よく知られているように、井上馨と伊藤の二人は下関砲撃事件の報を聞いて、むりやりに日本に帰国します。その後二人は政治活動に奔走し、いわゆる明治の元勲となっていきます。あとの三人は当初の予定どおりイギリスで勉強を続けました。この時の選択の差が、その後政治家となるのか、官僚となるのかという、運命を分けたと言えるでしょう。ともかくも、井上勝はイギリスで鉱山や鉄道について学び続けていたのです。

最新の技術を習得して帰国した井上勝は、明治新政府における鉄道の第一人者となり、一八七一年に鉄道頭に就任します（鉱山頭兼任）。その後、組織の変遷にともない鉄道局長、鉄道庁長官と役職名は変わりますが、二〇年以上にわたって日本の鉄道行政の頂点を占め続けました。

本場の技術を習得した人物が、日本の鉄道の立ち上げを主導することになったのは、非常に大きなことでした。それを示す象徴的な例が、一八七四年に開業した大阪駅の構造をめぐる経緯です。

新橋・横浜間鉄道の次に神戸と大阪を結ぶ鉄道が建設されることとなったとき、終点である大阪駅の構造をどのようにするかが問題となりました。当初、お雇い外国人の技術者たちは、頭端式で建設することを主張しました。頭端式とは、ホームの先が行きどまりになっている構造のことで、上野駅の地平ホームがその典型です。そして当時も現在も、ヨーロッパのターミナルは頭端式の構造がよくとられていました。それを踏まえてお雇い外国人は頭端式を提案したわけですが、井上はこれを退け大阪駅に通過式を採用したのです[11]。

頭端式はいかにも終着駅という雰囲気があるだけでなく、コンコースからホームまで水平に移動ができる（階段を通ることなくアクセスできる）というメリットがあります。しかしその反面、到着した列車が出発しようとすると方向転換しなければならないなどの不便もあります。

井上勝　国立国会図書館「近代日本人の肖像」

初代大阪駅　1890年。『なにわ今昔』（毎日新聞社、1983年）

このようにメリット・デメリットの両面があるとすれば、頭端式を採るという選択にも一定の合理性があったでしょう。

ですが、それは大阪がずっと終点のままであるならばのことです。路線が大阪より先へさらに延長されることが決まっている場合は、列車がそのまま通過できるような構造のほうが便利なことは言うまでもありません。当初の計画ではとりあえず大阪を東側の終点としていましたが、その後すぐに京都へと延長することが決まっていました。

当時のヨーロッパでは、路線の途中であっても大きな都市の主要駅は頭端式にすることが一般的ではあり、お雇い外国人たちもそのことも踏まえて頭端式を主張したようです。ですが、トップの井上に鉄道技術の素養と経験があったればこそ、実情を踏まえたより合理的な判断ができたと言えるでしょう。

「有司専制」の中で振るった辣腕

井上のもとでは早くから技術的な自立が進められました。京都から大津までの鉄道開設にあたって逢坂山《おうさかやま》に日本初の鉄道用山岳トンネルを建設した際には、日本側が養成した技術者が中心になって工事に当たっています（一八七八年着工、一八八〇年開通）。

こうした一連の施策は井上のイニシアティブによって進められたわけですが、彼がここまでの辣腕を振るえたのは、単に鉄道技術の国内第一人者であったというだけで可能になったことではなく、当時の政治構造があってのことでした。

当時の日本は、まだ憲法も議会もない「有司専制」の状態です。つまり、政府の独断で何でもできてしまう体制でした。まして、井上は伊藤博文とは一緒に留学した「長州ファイブ」の仲間です。政府の要人たちとも気軽に意思疎通ができる関係にあり、並の官僚とは違った存在でした。時には意見が容れられず抗議して職を辞することもありましたが、そうしたときもすぐに復職しています。不貞腐れて引きこもるというのは、同じく長州ファイブの一人、井上馨もよく使う手でした[12]。そんなことができたのは、彼らが藩閥政府の中心にいたからこそでしょう。

他方で井上は「省務ヤ机上之職」で身を立てようとは思わないと述べており、鉄道の建設さえ進められればそれでよい、鉄道行政を仕切れるのであれば、自らの昇進を辞退するような人物だったと言われます[13]。「口が悪くて辛辣であるが真正直で率直、公私共にあけっぱなしで隠れた事が嫌い[14]」といったところが、井上の人物像だったようです。

3　鉄道敷設法と私鉄の繁栄

財政の限界

井上らの奮闘の甲斐があって、東京・横浜間と京都・神戸間という、主要都市とその外港を結ぶ二つの鉄道が完成しました。しかし、官設官営ではじめられた鉄道事業は早くも限界に直面します。一八八一年になると、西南戦争によって生じた膨大な戦費負担と、それをまかなうために紙幣が乱発されたことによるインフレーションに直面した政府は、大蔵卿松方正義《まつかたまさよし》のもとで緊縮財政政策へ転換します（松方財政）。政府財政はもはや、採算度外視で鉄道網を継続して拡大させていくような余裕などなくなってしまったのです。鉄道建設よりも内航海運の整備を優先すべきだという意見が力をもちはじめたほどでした[15]（そもそも当時は、鉄道網だけでなく海運航路網との組み合わせによる全国の交通ネットワークが構想されていました）。

そうした状況にあって、なんとか鉄道を広げようとしたとき、考えられる手段のひとつは、国債を発行するということです。すでに一八七八年三月の段階で、総額一二五〇万円の内国債が発行されていました。起業公債と呼ばれることになるこの国債は、港湾や道路、鉄道の建設、鉱山の開発といった、殖産興業に必要なインフラ整備の資金調達を目的としたものです。この起業公債によって、大津・京都間の建設や東京・高崎間の測量などが進められていました。そもそも、新橋・横浜間など初期の鉄道建設の際には外債を発行して外国からの資金に頼っていました。

もう一つの手段は、民間の力を借りる、つまり私鉄を作るということです。

すでに述べたように、政府は殖産興業を進め、鉄道をはじめとするさまざまな事業を官営で手がけていました。しかし、こうした官営事業の多くは政府にとって次第に重荷となりつつあり、一八八一年の松方財政では、政府が運営していた工場や鉱山などが次々に民間に払い下げられることになりました。鉄道もその例外ではなく、伊藤博文は、「鉄道株券発行ノ方案」を太政官に提出し採択されます。結果としてそれは実現こそしませんでしたが、鉄道は民間にまかせるべきとする考え方は、非常に有力なものとなっていました[16]。

開業時の上野駅　『日本国有鉄道百年写真史』

続々と誕生する私鉄

こうして設立されたのが、日本初の私鉄、日本鉄道株式会社です。旧大名をはじめとする華族たちが中心になって出資し、一八八一年に誕生しました。

日本鉄道は当初は東京と青森を結ぶ鉄道の建設を目指していたのですが、設立後第一区線としてまずとりかかったのが中山道《なかせんどう》鉄道の一部である東京・高崎間の建設でした。これは東京と関西を結ぶものとして構想されたものです。東西両京間鉄道の具体的なルートとしては、需要の多さと建設のしやすさという点で東海道経由が断然有利ではありましたが、こちらはすでに汽船航路が開かれていたので開発の効果という点では一歩劣るということで、中山道経由とすることに決定されたのです。

　さて、日本初の私鉄・日本鉄道と述べたところですが、工事はもちろんのこと、完成後の運転なども当初は鉄道局が代行し、さらに政府から利子補給や利益補償も受けるというのがその実態であり、純然たる民間会社とは言い難いものではありました。ともあれ、日本鉄道が民間資本による私鉄の存在が認められる端緒となったことは確かです。一八八七年に政府が私設鉄道条例を制定して、私鉄設立を認めるにあたっての統一的な基準を定めると、山陽鉄道、九州鉄道、関西鉄道といった私鉄が次々と誕生しました。日本鉄道も自社による業務を次第に拡大させ一八九一年九月までに上野・青森間が全通、長距離鉄道ネットワークの一翼を担うことになります。これらの私鉄は後に国有化され、国鉄の主要幹線を形成することになります。

東海道線の全通と「鉄道政略ニ関スル儀」

　さて、私鉄が勃興したとは言え、政府の手による鉄道建設が止まってしまったわけではありません。先述のように国債を発行して何とか資金のめどがついたことで、政府は中山道鉄道のうち高崎から西の区間を官設鉄道として建設することにしました。

　ところが実際に建設を始めてみると、予想以上の難工事に苦しめられることになります。高崎の目と鼻の先の碓氷《うすい》峠が最初の難関でした。結局、通常の線路ではなくアプト式という特殊な方式でこの天険を何とか突破しましたが、こんな調子では京都・大阪にたどり着くのはいつになるかわかりません。結局、東海道ルートを採ることに方針が変更されることとなりました。

政府がルート変更を決めたのは一八八六年、そして一八八九年七月には東京から神戸までが全通しました。これほどまでに東海道線の完成を急いだ背景には、翌一八九〇年七月は初の衆議院議員総選挙が実施され、第一回帝国議会が一八九〇年秋に開催されるということがあったと考えられます。全国から選挙で選ばれた代表が東京に集まって政治に参加するという画期的イベントですから、西日本の議員が鉄道を利用できるかどうかが政治的関心の的となったことは想像に難くありません。

東海道線全通時の客車　1889年にイギリスから輸入。ロングシートで中央部にトイレを備える。毎日新聞社

東海道線が全通し、鉄道創業時に構想された鉄道網が一応の完成を見た二年後の一八九一年七月、井上勝は「鉄道政略ニ関スル議」を松方正義首相に提出します。これは鉄道建設の長期計画樹立の方針確立と私鉄の買収を建議したものでした。

井上はこの建議において、東海道線全通後の日本全体の鉄道ネットワーク形成の必要性を訴えると同時に、それは私鉄ではなく官設鉄道によって担われるべきことを主張しています。短距離の鉄道が分立していると建設費や営業費がかさむのに対して、長距離ネットワークを構成する鉄道では、大規模の経済が機能するとともに、内部での相互補助が可能となって、鉄道の特性を十分に発揮できるというのが井上の考えでした。

つまり、井上は鉄道国有を第一の目的としていたのではなく、あくまで全国ネットワーク実現の手段として私鉄の買収を進めるべきと考えていました。小規模の私鉄が濫立して、ネットワークが分断されることを恐れていたのであり、私企業が鉄道を運営すること自体に反対していたわけではありませんでした。実際、東日本に長大なネットワークを持っていた日本鉄道については、買収する必要はないと判断していたのです[17]。

議会政治の時代の鉄道政策

井上の建議を受けた松方内閣は、その検討の結果として、私鉄買収法案と鉄道公債法案を議会に提出しました。しかし、これらの法案に示された施策は、私鉄全部を直ちに買収するといった、井上の意に副わぬものに変容していました。

さらに政府は議会の歓心を買うため、鉄道会議の創設を提案しようとしました。鉄道会議とは鉄道建設、私鉄の買収といった鉄道政策の決定に議会の意向を反映させるためのものです。ながらく鉄道行政を一手に引き受けてきた井上にとって、政策の決定過程に議会勢力が介入してくることなど、我慢ならないことでした[18]。

結局、この時の議会では両法案とも成立しませんでしたが、鉄道会議などの井上の意に副わぬ政策方針はその後も継続し、一八九二年の第三議会において成立する鉄道敷設法に帰着することとなりました。

鉄道敷設法とは、「帝国ニ必要ナル鉄道」、つまり国家にとって整備すべき鉄道網を示した法律で

鉄道敷設法による予定線　原田勝正、青木栄一『日本の鉄道　100年の歩みから』（三省堂、1973年）

す。具体的には全国で三三路線を予定線路として選定しています。鉄道創業時には「東京と関西を結ぶ鉄道をつくる」程度のことは大まかに決められていたわけですが、それが一八八九年の東海道線の全通で一応完成しました。さらに全国規模でどのような鉄道網を展開していくのか、その青写真が鉄道敷設法によって示されたのです。

　ただしここで注意しなければならないのは、この全国三三路線の中には、北海道のものは入っていないことです。すでに北海道には開拓使が敷設した鉄道をはじめ、いくつかの路線がありましたが、この鉄道敷設法では対象とされませんでした。その直接の理由は、現在のところよくわかりません。ですが、開拓使から北海道庁とはなっていたものの、依然として他の府県とは地方行政上異なった扱いを受けていた、つまり完全に「内地」に包含されていなかったことが背景にあったのはまちがいありません。実際、一八九〇年に開設された帝国議会では、北海道は地方自治制の未施行を理由に、衆議院議員の選出対象から外れていました[19]。地方自治制が順次施行され、北海道から衆議院議員が選出されるようになったのは、明治三〇年代（一八九七―一九〇六年）以降のことです[20]。

いずれにせよ、北海道の鉄道については、今後どのような方針で整備を進めていくのか、青写真が描かれない状態がその後も続いたのです。しかし、開拓を進めていかなくてはならない北海道の鉄道の将来像が描けない状況が続くのは、決して好ましくありません。一八九六年に貴族院議長であった近衛篤麿《このえあつまろ》が中心になって、北海道を対象とした北海道鉄道敷設法が制定されます[21]。こうして北海道の鉄道は、本州以南とは別の法体系のもとに計画が進められることになったのです。

鉄道敷設法は何をもたらしたか

鉄道敷設法については、井上の意思を体現した国家統一的な鉄道敷設方針であり、鉄道国有化への道筋をつけたものというのが、従来の主流的な評価でした。ですが、すでに述べたとおり、井上はこの法律に反対の立場をとっていたことが、近年の研究で明らかになってきています。特に井上にとって我慢ならなかったのは、鉄道政策に対する議会の関与が格段に増えたことでした[22]。鉄道政策が議会勢力のコントロールのもとに置かれるということは、井上にしてみれば、業務を妨げる以外の何物でもなかったのです[23]。

鉄道会議のもっとも大きな役割は、鉄道敷設法で示されている予定線のうち、どの路線の建設を進めていくのかという順序を決めることでした（鉄道会議規則第一条）。そして、議員の定員は二〇名でしたが、そのうち約半数は各省庁の官僚から選ぶことになっていました（同第四条）[24]。残りの半分については、選任の規定は特に示されていませんでしたが、実際には、衆議院議員と貴族院議員がそれらの席を占めることとなります[25]。実際の鉄道会議には大して実権がなかったという見方もありますが、議会勢力が鉄道建設に発言権を持つ仕組みができたことは動かしがたい事実です。

関西鉄道愛知駅　1896年開業。『日本国有鉄道百年写真史』

鉄道敷設法は、当時の鉄道行政が直面していた事態に対応するものでもありました。一八八七年に私設鉄道条例が制定されて以来、私鉄の許認可が鉄道行政の仕事として加わり、各地から私鉄設立が次々と出願されるようになるたびに、政府はその適否を個別に検討しなければならない状況となりました[26]。政府として全国にどのような鉄道網を形成していくのか、全体の構想を示す必要に迫られていたわけです。

鉄道敷設法が私鉄の存在を明確に認めたことで、各地で設立がよりいっそう進むことになりました。鉄道敷設法に記載された予定線のうち、近畿地方や山陽、四国、九州といった地域において需要が見込まれる路線の多くが、私鉄によって建設されていくことになりました。こうした鉄道は高収益を上げることとなり、さらに資本家が盛んに投資していったのです。こうして、半官半民として出発した日本鉄道だけでなく、関西鉄道や山陽鉄道、九州鉄道といった私鉄が、全国各地で長大な路線網を持つに至りました。

官設鉄道も建設を進めますが、その多くは奥羽線や中央線、山陰線といった、山間部が中心の困難な建設工事の割には需要が少ないと見られる路線でした。鉄道敷設法の制定によって、日本の鉄道は「官私鉄道並進時代」[27]に入ったとされていますが[28]、実際には私鉄の路線網が急速に延び、私鉄の総延長が官鉄を大幅に上まわるようになります。明治時代の日本の鉄道は「私鉄の時代」だったと見ることもできます。

鉄道局は私鉄の監督行政に特化し（一八九七年）、官設鉄道の運営は、鉄道作業局（逓信《ていしん》省の外局）に分離されました。[29]一九〇〇年には私設鉄道法が制定され、私鉄の敷設がさらに加速することとなります。

父の退場

官設鉄道を運営する政府の組織は目まぐるしく変わっていきました。鉄道寮は一八七七年に鉄道局となりましたが、一八九〇年には鉄道庁となります。所属も工部省（一八七〇年）、内閣（一八八五年）、逓信省（一八九二年）と、頻繁に変わっていきました。この流れの中で、常に鉄道行政のトップに君臨し続けてきたのが井上勝でしたが、ついに一線を退く時が訪れました。

前述のとおり鉄道敷設法が制定される中、鉄道についての政策過程に議会勢力が介入することに井上は強く反発をしていました。そして抗議のため鉄道庁長官を辞職し、ついに二度と鉄道行政に復帰することはありませんでした。[30]議会勢力が鉄道政策に関わるようになると同時に、井上は鉄道行政からの引退へと追い込まれたのです。

鉄道敷設法の制定と井上勝の退場によって、鉄道政策の主役は次第に議会関係者に移っていくことになりました。議会の開設に合わせて東海道線の全通を間に合わせるために、井上はかなり努力したはずですが、皮肉なことに帝国議会の開設は鉄道行政における井上の役割を大きく変えてしまったのです。

議会のもっとも重要な仕事のひとつは、毎年の政府予算を審議することです。予算委員会の審議に際して、井上は政府の担当者としてしばしば答弁に立ちましたが、質疑は「予算に計上したる算出の基礎方法」など、井上にすれば些末な事項に集中します。こうした質問に対し井上は「茫平として答ふる所を知らず、頗《すこぶ》る窮窘《きゅうきん》せり」と、しばしば議場で立ち往生するような有様でした。

議会開設以前、有司専制のなかで井上が辣腕を振るっていた時代では、こうしたお金の使い方も政府の裁量だけで決めることができていました。しかし議会ができると、毎年の予算は議会を通すことが必須となりました。創業から鉄道行政を牛耳ってきた井上も、新たに登場した議会制度にはなじめず、一挙に精彩を欠くようになったと言えるでしょう。[31]

第二章　国家直営の時代（一九〇六―一九四九）

1　鉄道国有法の制定

鉄道国有化の論理

鉄道敷設法が施行されると、立法時の政府の意向がどうであったかにかかわらず、全国に大規模な鉄道会社がいくつも林立し、それらが長距離の輸送を担うようになっていました。東海道線をはじめとして政府が運営するものもありましたが、それは数ある鉄道の中のひとつというのが、明治三〇年代の実態となっていたのです。

このように全国各地に多種多様な鉄道会社が散在するという状況は、鉄道が全国的な交通の要となるにつれて、経済効率の面からも国防上の面からも問題視されるようになっていきます。不況になると、資本家からも鉄道国有化を要求する声が次第に高まっていきました。

鉄道国有化に向けた動きは、すでにこのころから見られます。一八九八年五月、東京商業会議所、京都商業会議所が「私設鉄道ヲ国有トナスノ建議」を首相に提出しました。また同じころ、逓信官僚の田健治郎《でんけんじろう》も鉄道国有化論を発表しています。これらの意見は、全国規模の運輸の統一という観点からなされたものでした。ところがこの理屈からすると、輸送ネットワークさえ統一できていれば、それは別に国有でなくてもいいことになります。実際、大蔵官僚阪谷芳郎《さかたによしろう》は、官設鉄道や各私鉄を合同させて半官半民の特殊会社を設立し、全国の鉄道を運営させるという構想を発表しています。[1]山陽鉄道や筑豊興業鉄道など、主要な私鉄で技師長などを歴任した南 清《みなみきよし》も、国有化は競争を阻害し、広軌化は金がかかりすぎると指摘します。八大幹線（奥羽線、東海線、中央線、北陸線、山陰線、山陽線、九州東南線、北西線）をそれぞれ異なる会社が経営して競争を確保するとともに、カーブや路盤の強化でスピードや輸送力を強化することを主張しました。こうすることで国有化に依らない全国的な鉄道体系の構築が可能としたのです。[2]実際、この時期の欧米では私鉄の企業合同が盛んに行われており、イギリスやフランスでは大きな私鉄に集約されつつありました。実は世界的に見ると、こうした民営鉄道を軸とした鉄道運営システムの再編・統合が主流でした。日本でも、日本鉄道や関西鉄道といった大規模私鉄が、中小私鉄の統合を進めていました。

このように、明治三〇年代前半の段階では、鉄道国有化に反対する意見のほうが優勢でした。政府は一八九九年二月、第一三議会に鉄道国有法案を提出したものの、この時点では成立には至りませんでした。

一方で、鉄道を直接所管する逓信省は、プロイセンの鉄道国有化をモデルに独自に鉄道国有化プランを練るようになりました。彼らは、［1］鉄道を統一することで経費が節減できる、［2］鉄道からの収益で国庫歳入を補塡できる、という主に二点から鉄道国有化の効果を主張しました。たとえば、鉄道を合同することで、車両を必要な時と地域に融通できるようになり、車両数を増やさずとも輸送力の増強が可能になるとしています。また、プロイセンの鉄道国有化では政府歳入の五割以上を鉄道からの益金が占めていました。当時の鉄道はとても儲かるものだったのです。こうした考え方に基づいて、逓信省は鉄道国有法案を作成していくことになりました。[3]

転換する方針、うたわれる一貫性

日露戦争が終わった一九〇五年、第一次桂太郎《かつらたろう》内閣は鉄道国有の方針を決定しました。この方針は次の西園寺《さいおんじ》公望《きんもち》内閣に受け継がれ、鉄道国有法案はあらためて帝国議会に提出され、成立しました。

この時期になって鉄道国有化が具体化したのは、なぜでしょうか。その背景には、一つには日露戦後の恐慌という経済状況がありました。そのことは、日本を代表する実業家であった渋沢栄一《しぶさわえいいち》の態度転換にあらわれています。渋沢の基本的な考え方は事業の発展には競争が大切というものであり、そのため本来は鉄道国有化には否定的な立場をとっていました。ところが日露戦争を境に、［1］鉄道の統一、［2］貨物運賃の低廉化、［3］植民地鉄道と内地鉄道の一体化、というこれらの観点から賛成に転じました。[4]

もう一つの背景は、軍事的要請です。それまでの陸軍は鉄道を最大限に利用しながらその力を発揮してきました。日清戦争では広島まで開通した山陽鉄道によって本州各地から部隊を広島に集め、宇《う》品《じな》港から大陸に派遣しました。その一〇年後の日露戦争では、鉄道敷設法による路線網の建設がかなり進んでいました。全国の軍港や師団の所在地のほぼすべてに鉄道が開通しており、[5]鉄道による輸送を活発に行っています。なお、日清戦争当時の陸軍は、輸送力を強化するという観点から線路の幅を狭軌（一〇六七ミリメートル）から標準軌（一四三五ミリメートル）に広げることを求めていました。しかし日露戦争後には、それよりも全国的な輸送の統一を重視する考え方に転換しています。こうした流れの中で、陸軍は国有化を主張するようになっていました。[6]

こうした状況を見た政府は、鉄道国有法案を議会に提出するに至りました。このとき政府は、国有化によるメリットを次のように挙げています。

一、運輸がスムーズになる。
二、運賃が安くなる。
三、設備が整う。
四、営業費を節約できる。[7]

全国的にネットワークを統一することで、能率をアップさせることが国有化のねらいでした。法案の意義と狙いを述べた「鉄道国有ノ趣旨概要」でも、これらの点を解説しています。ただ、このとき同時に、一八七二年の鉄道創業の時点から鉄道国有を基本方針としてきたことを強調していることが注目されます。前章で見たとおり、一八九二年に制定された鉄道敷設法では民営を認めることを明記していました。しかし国有法案提出にあたっては、かつて民営化を容認したことは、あくまでも財政上の問題からの一時の便法にしか過ぎなかったとしたのです。[8]

しかし、これまで見てきたことからわかるとおり、実際には「鉄道国有の主義」などと言えるほど、政府の方針が一貫していたわけではありません。始まりこそ官設官営で出発したものの、何度も民間への払い下げが検討されたように、その方針には大きく揺らぎがありました。鉄道国有主義の伝統という言説は、成り行きの中でひねり出されてきたものと言うべきでしょう。

加藤高明の猛反対

こうした経緯で提出された鉄道国有法案でしたが、帝国議会ですんなり採決されるというわけにはいきませんでした。審議の中で示された反対論の一つとして、民間会社である私鉄を政府が有無を言わせず買収するというやり方に対する批判がありました。

西園寺内閣が提出した法案では、全国にある一七の私鉄を買収することになっていました（この時期に日本に私鉄が一七しかなかったというわけではありません。当時存在した全私鉄三八社のうち一七社だけが選ばれたのです）。しかしそもそも、私設鉄道条例では免許されてから二五年以上経過した私鉄について政府が買収する権利が生ずるという規定がありましたが（三五条）、この法令が制定されたのが一八八七年なので、このときまだ二〇年も経っていませんでした。また、たった六年前に公布された私設鉄道法においても同様の規定がされています。

それにもかかわらず、鉄道国有法案では「一般運送ノ用ニ供スル鉄道ハ総テ国ノ所有」するものとして、私鉄を買収することを定めていました。要は、政府は問答無用で私鉄を買収してしまうというわけです。

この点についての強い批判は、法案を提出した当の西園寺内閣の内部からもありました。加藤高明《かとうたかあき》は現職の外務大臣でしたが、要約すると、［1］私的所有権の侵害、［2］財政負担への懸念、［3］官営事業に対する不信感、という三点による反対論を唱えました。

二点目の財政問題や三点目の官業の非効率性というのは国有化の議論にありがちな反対論と言えますが、第一点はまさに、政府による有無を言わせぬ買収という点を痛烈に批判するものです。加藤はただ財産権の侵害ということを指摘するのみならず、日本に投資している外国人資本家からの信用が失墜するとも主張していました。[9]

ただしここで、加藤がどのような出自の政治家であるかということに注意しなくてはなりません。彼は三菱の創業者岩崎弥太郎《いわさきやたろう》の娘婿であり、三菱は北九州の炭鉱やそれに関わる九州鉄道に投資をしていて、とりわけ九州鉄道は当時高い収益を上げていました。そうした利害関係を無視して、加藤の主張を受け止めることはできません。

加藤の鉄道国有法案への反対はきわめて強硬で、結局彼は外相を辞任することになりました。西園寺内閣の内務大臣としてこの法案を推進する立場にあった原敬《はらたかし》は、それまで加藤と盟友関係にありましたが、この件で袂を分かつこととなります。のちに原は政友会、加藤は憲政会の領袖として政敵同士となりますが、[10]その対立の起点には鉄道国有化問題があったと見ることができるでしょう。

「国家が保有する」という原則と融通無碍な実態

鉄道国有法案では第一条に「一般運送ノ用ニ供スル鉄道ハ総テ国ノ所有トス」と掲げられ、鉄道は基本的に国家が運営するものだという原則を定めています。それまでは、数多くの私鉄がある中に国

表1　買収17私鉄

鉄道名	営業距離（キロ）	買収価格（円）
北海道炭礦鉄道	329.1	30,997
甲武鉄道	44.7	14,600
日本鉄道	1,385.30	142,495
岩越鉄道	79.7	2,521
山陽鉄道	667.7	78,850
西成鉄道	7.4	1,705
九州鉄道	712.6	118,856
北海道鉄道	255.9	11,452
京都鉄道	35.7	3,341
阪鶴鉄道	113.1	7,010
北越鉄道	138.1	7,777
総武鉄道	117.8	12,871
房総鉄道	63.4	2,157
七尾鉄道	55.4	1,491
徳島鉄道	34.6	1,341
関西鉄道	442.9	36,130
参宮鉄道	42	5,729

が経営する鉄道もあるという感のある状態だったわけですが、ここで鉄道は国有という原則を確立しようとしたのです。一八九九年に提出された段階での鉄道国有法案では、「国有トスルノ必要」がある私鉄だけを買収対象としていたので、[11]鉄道運営の原理自体が大きく変わっています。

ところで、法案が提出された当初の段階では買収対象は一七社（**表1**）でしたが、原の主導で三二社に増やされて閣議に提出されました。追加された一五社は**表2**のとおりで、このうち多くは地方の中小私鉄です。経営困難から自ら積極的に買収を望んだとも言われています。[12]

最終的に貴族院の審議の中でこの一五社は外され、買収対象は原案どおりの一七社に絞り込まれました。[13]原による拡大案が否定されたことは、「鉄道は国が保有し経営する」という鉄道国有法の原則はあくまで原則にすぎないことの表れとも言えるかもしれません。実際、国有法が施行されて以降、その対象範囲は時々の状況に大きく左右されるようになります。この一五社のうち半分ほどは、その大正期から戦時期までのあいだに順次政府に買収され、国鉄線に組み込まれていきました。その代表例は成田鉄道で、一九二〇年に買収され成田線となり、現在まで続いています。

買収されなかった私鉄の中には、近江鉄道のようにほぼそのままの形で存続したものや、南海（現・南海電鉄）のように大都市の中で発展する私鉄となるもの（筆者はこれを「電鉄」と呼んでいます）、高野（現・南海電鉄高野線）、河南（現・近鉄道明寺線など）のように、他の電鉄の中に組み込まれていったものなどがありました。

表2　買収対象から外れた15私鉄

鉄道名	現在
川越鉄道	西武鉄道国分寺線、新宿線
成田鉄道	JR東日本成田線
東武鉄道	東武鉄道
上武鉄道	秩父鉄道
豆相鉄道	伊豆箱根鉄道駿豆線
水戸鉄道	JR東日本水郡線
中越鉄道	JR西日本城端線、氷見線
豊川鉄道	JR東海飯田線
尾西鉄道	名古屋鉄道尾西線
近江鉄道	近江鉄道
南海鉄道	南海電気鉄道南海本線
高野鉄道	南海電気鉄道高野線
河南鉄道	近畿日本鉄道長野線、道明寺線
中国鉄道	JR西日本津山線、吉備線
博多湾鉄道	西日本鉄道貝塚線、JR九州香椎線

南海は大阪と和歌山という二つの都市を直結するという大きな役割を担っていたので、国有化されてもまったく不思議ではありません。この時に買収されなかったのは、おそらくは紙一重のことだったと思われます。現に大正期にもふたたび政府が買収する計画が浮上しました。[14]しかしそのときも最終的には買収は実現せず、現在に至るまで電鉄として存続しています。

他方で、本来は買収の対象となりえないであろう路線が、少なからず国有化されることにもなりました。買収された山陽鉄道や関西鉄道などが、それまでに他の中小私鉄の買収を進めていた結果、それらの路線もいっしょに国鉄線に組み込まれることになったのです。

また博多湾鉄道に至っては、その後の有為転変の中で国鉄に組み入れた路線（香椎線）と電鉄会社である西日本鉄道の中に編入された路線（貝塚線）に分かれていくことになります。

いずれにせよ、鉄道国有化の対象が一七社にとどまったというのは、鉄道は国営とするという鉄道国有化の原則からすれば、中途半端なものだったと言えます。一地域の交通を担うものは除外するという規定がありましたが、実際にはその境界はあいまいなものでした。とは言え、一七の私鉄が買収されたことで、私鉄の存在感はいったん大きく低下しました。

2　「国鉄」の誕生

国鉄体制

西園寺内閣は一九〇六年の第二二議会で、鉄道国有法を強行採決で成立させました。こうして、国の交通網の基幹である鉄道は国家が担うという原則が示され、それは鉄道国有法が廃止される一九八七年まで続くこととなります。政府の直営時代だけでなく、公共企業体時代も貫く国鉄の建前がここで誕生したのです。

それまでは、政府が運営する鉄道のことは官設鉄道や官鉄などと称することが一般的でした。それが鉄道国有化以降は国有鉄道、つまり「国鉄」とよばれることが多くなっていきます。[15]国鉄が名実ともに誕生したのはこの鉄道国有化のときであったとすると、国鉄の歴史はせいぜい八〇年くらいのものということになり、一般に言われているよりずっと短いものになります。

当時は、自動車もまだ普及せず、飛行機も実用化の段階に達していない時代でした。つまり、全国的な陸上交通は国鉄が一手に担うという体制ができあがったことになります。この国鉄体制のもとでは、私鉄は「但シ一地方ノ交通ヲ目的トスル鉄道ハ此ノ限ニ在ラス」（鉄道国有法第一条）として、地域交通を担う存在として例外的に存在を許されるという位置づけとなりました。かつて私設鉄道法に基づいて長距離の幹線が私鉄によって盛んに設立されましたが、これ以降しばらくは、私鉄による大規模路線の新設はほぼ見られなくなります。

鉄道国有法の成立を受けて政府は、一九〇六年六月に臨時鉄道国有準備局を設置します。そして、以後一年あまりをかけて、法律で定められた一七私鉄の買収を進めていきました。

あふれ出した資本のゆくえ

資本家が所有していた鉄道会社の株式は、政府に買収されたことで、政府が発行する債券に姿を変えました。それまで鉄道会社に投資されていた莫大な資金が、債券という形でいったん資本家たちの手許に戻っていくことになったのです。その資金が向かった先の一つは、南満州鉄道株式会社、満鉄でした。[16]満鉄は日露戦争後の大陸経営の一環として設立された半官半民の国策会社です。日露戦争によって拡大した日本の版図に、鉄道国有化によってあふれ出した資金が、再投資されていったのです。

資金の投資先は内地にも向かいました。電鉄会社への投資が進んだのです。このころ東京や大阪といった大都市では人口が急増し、それまでの旧市街地だけでなく郊外にも多くの人々が住むようになりはじめていました。人口と面積が拡大すれば、自然と交通の需要も高まります。こうした状況に対応して、電気鉄道や軌道を運行する電鉄会社が各地に設立され、郊外に路線を展開するようになっていました。こうした電鉄会社にも、国有化であふれ出した資金の多くが流れ込みました。[17]

たとえば、大阪と舞鶴を結んでいた阪鶴鉄道（現ＪＲ西日本福知山線など）は、鉄道国有法で政府に買収されたのですが、そこに携わっていた人々は大阪梅田からその近郊の宝塚や箕面《みのお》を結ぶ箕面有馬電気軌道を設立します。この事業に小林一三《こばやしいちぞう》が関わることになり、最終的に現在の阪急電鉄に成長していくことになりました。

こうした例は阪急だけにとどまりません。鉄道国有化で生じた巨額の資金が、電鉄や電力業といった都市化を背景として成立した新興の分野に再投資され、急速に発達する背景となったのです。そうした意味で、電鉄は国鉄が生み出したとも言えます。少なくとも表裏一体の関係にあったことは確かです。

早々に乖離する建前と実態

鉄道国有法による国鉄体制のもとでは、少なくとも建前上は、私鉄は一地域の交通を担う機関としてしか存在できないということになりました。

主だった鉄道が政府に買収され国鉄線となり、残された私鉄は比較的距離が短く、小規模なものば

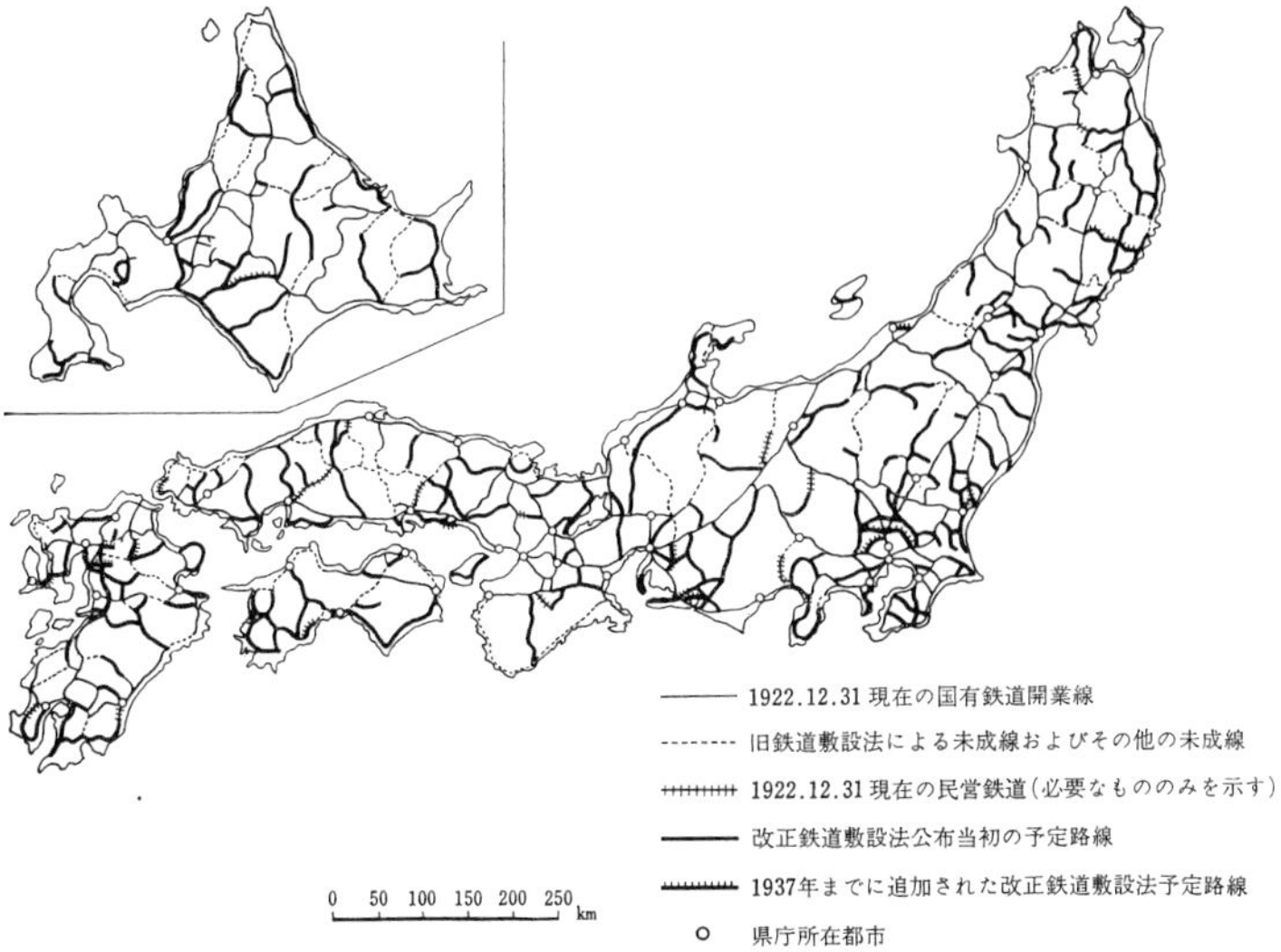

改正鉄道敷設法による予定線　『日本の鉄道　100年の歩みから』

かりとなりました。しかし、私鉄の拠りどころとなるのは依然として私設鉄道法であったので、実態と法制度との乖離があらわとなります。

私設鉄道法は全国ネットワークの一環を担う幹線鉄道を想定して作られました。国家の交通の要を担わせるのですから、各種の規定は厳重なものであり、敷設に要する手続きもまた煩雑なものでした。しかしいまや私鉄は、一地方の地域交通に限られた存在ですから、その小さな身の丈と求められる規制や負担の大きさとが釣り合わなくなってしまったのです。

そこで政府は、国鉄体制下の私鉄のあり方にふさわしい、新たな制度を作りました。それが、一九一〇年に制定された軽便鉄道法です。さらにその翌年には、建設費や営業費を政府が補助することを定めた軽便鉄道補助法も制定されています。税金から補助をするという厚遇ぶりからは、軽便鉄道法は一地方の鉄道に限定するものであると同時に、全国ネットワークを補完することが政府によって期待されていたことも窺えます。[18]実のところ、これ以降国鉄によって建設された路線の中にも、軽便鉄道の基準で作られるものが出てきます。両者の役割の区別はかなりあいまいなものでした。

さらに一九一九年には、「公衆ノ用ニ供スル為敷設スル地方鉄道」という条文を冒頭に掲げる地方鉄道法、一九二一年には軌道法など、ふたたび私鉄を育成するような法律が制定され、私鉄の存在感は増していくことになりました。その結果として私鉄の伸長が続き、後に昭和四〇年代に、私鉄の路線規模は国鉄の営業キロ（路線の長さ）の三分の一、輸送人員では国鉄にほぼ匹敵するほどになっていきます。[19]京都・大阪から伊勢・名古屋までという広大な地域をカバーする近畿日本鉄道のような巨大な私鉄も出現することになります。

政府が私鉄の育成を後押しする方針に転換した背景には、国鉄だけでは鉄道網の密度を欧米の水準に近づけることは困難だという認識がありました。一九二二年に公布された改正鉄道敷設法で定められた予定線の多くは地方のローカル線でしたが、これらの建設を私鉄が担うことができるという規定が設けられています（第三条）。前章で見た、かつて旧鉄道敷設法に定められた予定線の多くを私鉄が担ったことが思い起こされます。

しかしながら、新たに定められた予定線の建設に民間から手が挙がる例は多くはありませんでした。結果として国鉄は、改正鉄道敷設法によって決められた路線の建設と維持を担うことになっていきます。

鉄道院と鉄道管理局

鉄道国有化により、組織面でも大きな変化がありました。

官設鉄道の時代には、その運営に当たる組織として逓信省に鉄道作業局が置かれていました。鉄道国有化により従来の官設鉄道だけでなく、多くの旧私鉄も抱え込んで巨大な国鉄が誕生したわけですが、その運営組織も帝国鉄道庁という、いかにもそれにふさわしい名前のものに改組されます。しかし、その仰々しい名前とは裏腹に、この時点での組織の実態は鉄道作業局時代と大差ないものでした。日本の鉄道の大半を運営することになったのに従来の逓信省の外局という位置づけのままでは、手に余ることは目に見えています。

一九〇八年一二月に鉄道院が誕生すると、その状況が大きく変わることになりました。それまでは、国鉄の現業を帝国鉄道庁、鉄道行政（私鉄の監督も含む）を鉄道局、というようにそれぞれ担っていたのを、鉄道院に一体化したのです。内閣直轄の組織として誕生した鉄道院には、総裁官房、監督局といった行政部門と、国鉄の現業を担う運輸局、工務局、工作局、経理局が置かれました。[20] さらに注目すべきは、東部・中部・西部・北海道・九州の各地方にそれぞれ鉄道管理局という地方管理組織が設けられたことです。[21] それまで、鉄道作業局や帝国鉄道庁には地方組織はほとんどありませんでした。また、営業や運転といったように業務ごとの縦割り組織でした。それを改めて、地方の総合組織に権限を与える横割り組織を導入したのです。[22] その後、このシステムはマイナーチェンジを繰り返していきますが、中央―地域―現場という三段階の全国輸送管理システム自体は、長く続くことになりました[23]。鉄道院の誕生によって、全国規模のネットワークを持つ国鉄は本格的に地方統治の体制を整えたのです。

路線名の制定とその影響

鉄道院は、発足の翌年一九〇九年一〇月に国有鉄道線路名称を制定します。ここで、東海道本線や東北本線、奥羽本線といった、現在まで続く路線名とそれに対応する区間が決められました。路線名が定められたというのはただ名前がつけられたということにとどまることではなく、本線とそれを培養する支線という全国ネットワークを前提として、路線の階層構造が明示的に定められたことを意味します。

ただし、このとき定められた路線名は、あくまでも国土ネットワークという観点から見た理念先行の色合いが強く、必ずしも需要の実態に即したものではありませんでした。たとえば、東京と名古屋を結ぶ幹線は「中央本線」と定められましたが、実際には長野県塩尻を境に輸送が分断されており、その全線を走る直通列車は運転されていません。

しかしこの路線名は、単なる名目上のものにはとどまらず、はるか後年に大きな影響をもたらします。昭和五〇年代、国鉄の経営が傾く中で、輸送密度や営業係数といった指標に基づいて、バス等に転換すべき赤字ローカル線が定められるのですが、このとき路線の存廃を判断するための数値は、この鉄道院が定めた路線名と区間に基づいて算出されることになるのです。

特別会計の導入

鉄道国有化によって組織の規模が拡大するにともない、会計のあり方も大きく変わっていきます。かつての官設鉄道における歳出入は政府予算の一般会計として処理されていました。それが国有化にあわせて帝国鉄道会計法が制定されると、特別会計として扱われることとなり、一般会計とは切り離されました。ただし、この時点では、鉄道営業で上げた益金は一般会計に納付することになっており、また逆に建設・改良に要する資金は一般会計から組み入れられるため、一般会計とは完全に分離していたわけではありませんでした。

鉄道院の開設後、一九〇九年に帝国鉄道会計法が改正されると、鉄道特別会計は実質的にも一般会計から独立しました。その結果、建設改良のための資金は国鉄の事業収益や債券発行によってまかなわれることになったのです[24]。また、そうした支出を除いたあとの余剰利益は国庫に入ることになりました。

3　初代総裁後藤新平の組織作り

雑然と同居した寄り合い所帯

国鉄は営業路線七一七三キロ、従業員九万名を抱える巨大組織として発足しました。しかし、その実態は各鉄道事業者の寄り合い所帯でした。法的な位置づけや組織、会計といった管理面での整備がされたからといって、実際に鉄道を動かす現場が、直ちにそれに対応できるわけではありません。国有化して一つの組織になったといっても、当初は、官設鉄道や買収されたそれぞれの私鉄の職員や施設がそのまま残っていたのです。当然ながら、実際の運行の仕方、営業方法、人事制度、さまざまな規則がまちまちの状態でした。[25]

そもそも、鉄道システムは外国のモデルに学んで作られたわけですが、それぞれの当事者が、異なった国から技術やノウハウを学んでいました。官設鉄道がイギリスから技術を入れたことは知られていますが、北海道や関西の鉄道はアメリカ、九州ではドイツというように、モデルとした国からして異なっていたのです。[26] その結果、機関車をはじめとする車両だけでなく、建設工事や保線、営業に至るまで、あらゆる現場で異なるスタイルが築き上げられていました。

そこから、全国規模の統一的なネットワークに作り替えていくというのが、国鉄にとって最初の大きな課題だったのです。こうした中で大きな役割を果たしたのが鉄道院総裁となった後藤新平《ごとうしんぺい》でした。

一八五七年に水沢に生まれた後藤は、須賀川《すかがわ》医学校を卒業後、愛知県医学校や内務省衛生局などで勤務しました。日清戦争の際に大量の将兵の検疫などの衛生業務をこなしたことで、その頭角を現します。さらにその後、台湾で民政局長となり、行政全般に手腕を発揮するようになり、一九〇八年に第二次桂太郎内閣における逓信大臣兼初代鉄道院総裁に就任します。

総裁となった後藤の大きな課題となったのが、組織の統一と路線の改良でした。[27] 後藤の引きで一九〇九年に鉄道院に入庁した十河信二《そごうしんじ》（のちの国鉄総裁）は、当時の鉄道院の雰囲気を「どの局、どの課も、いろいろの会社から移って来た人々が雑然と同居しているという寄合世帯で、なんとなくまとまりがなかった」[28]と回想しています。

鉄道院本庁ですらこのありさまでしたから、各鉄道会社を引き継いだ現場の状況は想像に難くありません。「大正の終りまではなお日鉄組などと」いう出身私鉄ごとのグループが残っていた[29]というくらいですから、その統一には長い時間と労力がかかったのです。

近年では、みずほ銀行が長年にわたってシステム統合に苦しみ、たびたびトラブルを発生させたことがよく知られています。みずほ銀行の前身が富士銀行、第一勧業銀行、日本興業銀行の三社だったことを思えば、全国一七社を統合するというのが並大抵のことではなかったことは想像に難くありません。

銀行のシステムも経済や生活にとって非常に重要ですが、鉄道の運行は人命に直結します。ですから鉄道では「左右、上下の規律ある行動と秩序ある協力とは絶対に必要」[30]なのです。

後藤新平　国立国会図書館「近代日本人の肖像」

「鉄道員は一大家族なり」

鉄道院総裁に就任した後藤は、「鉄道員は一大家族なり」を標語に、国鉄の大家族主義を唱えます。あえて「大家族」と強調しなければならなかったこと自体が、当時の国鉄がバラバラの状態だったことをよく物語っていると言えるでしょう。後藤は国鉄の一体性を訴えるために自ら全国各地の現場をまわり、スライドや絵画を用いて講演していきます。精神的な面からその統一を図っていこうとしたのです。[31]

しかし実際のところ、こうした精神主義だけでは人はついてきません。やはり「実利」、つまり個々の構成員が、国鉄に属していることで得をした、と実感できるような仕掛けが必要です。その意味で、福利厚生はわかりやすくそうした効果を上げることができます。家族パスを発行し、親睦会や運動会といったイベントを積極的に開催するなどの施策がとられました。[32]

そして、医師でもあった後藤の最大の目玉が、病院の開設でした。一九一一年五月に麴町《こうじまち》区銭瓶《ぜにがめ》町（現在の千代田区大手町二丁目付近）に国鉄関係者向けに常盤《ときわ》病院を開院したのです。[33] この時点では従業員の共済組合の経営ということになっていましたが、数年後に鉄道院が直営するようになったので東京鉄道病院と名前を変えました。さらにその後も、各地に鉄道病院が次々と開設されていきます。この当時、特定の事業所向けの病院というものはほとんど例がなく、鉄道病院の創設は画期的なことでした。[34] 当時の鉄道の現場は、現在からは想像できないほど危険が多く、毎年多くの死傷者が出ていました。そうした人々への対策として鉄道病院は、実用上非常に役立つものでしたが、従業員の国鉄への帰属意識を高めるという効果も絶大なものがありました。

人事ヒエラルキーと独自の人材教育

こうした横の帰属意識を高めることも重要でしたが、国鉄という全国にまたがる巨大な官庁組織に所属する人々にとって、縦の関係が重要なことは言うまでもありません。

鉄道国有化によって、もとから官設鉄道で働いていた従業員だけでなく、買収された私鉄に所属していた人々も、勅任官―奏任官―判任官―雇員・傭人というヒエラルキーの中に再編成されました。こうしたヒエラルキー構造があること自体は、別に鉄道院に限ったことではありません。しかし、国鉄が他の官庁と大きく異なっていたのは、正式な官吏とされる判任官以上の割合が非常に小さかったことです。膨大な数の現場の従業員の大半は、正式な官吏ではない雇員、傭人といった身分に置かれていました。[35] こうした多数の現場従業員を抱えていたことが、鉄道院が他の官庁とは異なる大きな特徴でした。[36]

多くの現業従業員にとって、短期間で判任官や奏任官となっていく高等教育機関の卒業生に向ける視線は複雑でした。昭和に入ってからの作品ですが、中野《なかの》重治《しげはる》の小説に国鉄の機関士の生活をとり上げた『汽車の罐焚《かまた》き』という作品があります。そこでは雇員や傭人が彼らに送っていた視線が描かれています。

> 高工出や大学出のものが下から上まで非常に短い期間でかけのぼっていった。彼らも掃除、見習、助手、機関手をやった。それぞれを一ヶ月か二ヶ月か三ヶ月かずつ。そして事務へいって

礼装する鉄道院奏任官　『日本国有鉄道百年写真史』

助役になり、金すじ二本いりの赤い帽子をかぶって、ゴムの下敷に卓上電話のおいてあるテーブルを前にして腰かけた。[37]

「高工」というのは高等工業学校、現在の大学工学部にほぼ相当する学校ですが、こうした学卒者は、短期間に管理職に昇進していく一方、その他多くの現業職員は、何十年も勤めてもなかなか判任官にさえなれずに退職していったのです。[38]

そこで鉄道院では、正規の判任官にできない現業職員を国鉄独自に判任官待遇とする「鉄道手」制度を一九一三年に設けて、優秀な現業職員の登用を図りました。[39] さらに、現業職員を引き上げていく独自の人材教育システムも整備していきます。東京に職員中央教習所、各地方にも教習所という職員教育機関を各地に設けていったのです。[40]

中央教習所の入学資格は中学校卒業程度が条件で、修了後は専門学校卒（戦後は支社採用大卒）と同等の扱いを受けました。地方教習所の入学資格は、中学校二年程度が条件でした。[41] 当時の中学校進学率を考えれば、現場の職員といってもかなり限られた人々に開かれていた道だったかもしれませんが、内部登用の機会の確保だけでなく、均質な職員の養成という点でも大きな意義がありました。教習所で教育を受けた彼らが次第に各私鉄出身の職員に代わり、国鉄業務の中核を担うようになっていきました。[42] 教習所には優秀な人材の登用という狙いがありましたが、同時に政策の統一という効果があったのです。

東京中央停車場　1914年。『東京市街高架鉄道建築概要』（鉄道院東京改良事務所、1914年）

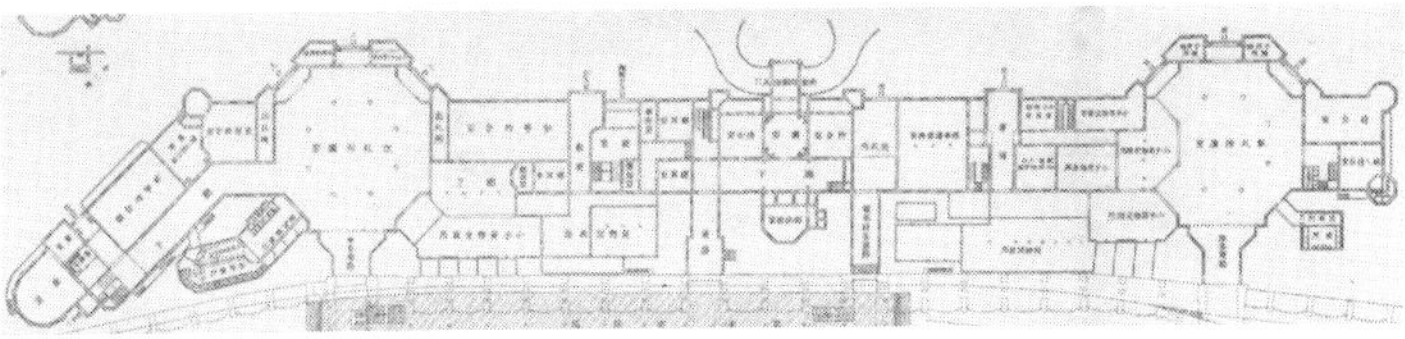

東京中央停車場構内図　同

東京駅の誕生

ハード面でも国有化を期にして新たな動きが生まれます。

それまでは、東京では官設鉄道が新橋駅、日本鉄道が上野駅、甲武鉄道が飯田《いいだ》町《まち》駅といったように、各鉄道によってそれぞれ異なったターミナルを構えていました。市街の各所に点在するそれらターミナルを統合し、全国各地からの列車を集める東京の中央駅を設けるという構想は、都市計画的な観点からすでに明治二〇年代から検討されていましたが、国有化によってその建設がいよいよ具体化することになったのです。[43]

その駅は全国交通の結節点となることを目指していたので、頭端式であった新橋や上野とは異なり、列車がそのまま通過できる構造が採用されました。駅舎の設計は、当時日本を代表する建築家であった辰野《たつの》金吾《きんご》が手がけました。日露戦争に勝利した「一等国」の象徴として、赤レンガの壮麗な建物が建てられることになったのです（よく知られるとおり、のちに太平洋戦争時の戦災で大きな被害を受け、それが近年復元されて国の重要文化財に指定されました）。

こうして東京中央停車場、今日の東京駅が一九一四年に完成しました。正面に皇室専用口、南端に乗車口、北端に降車口を配した、全長三〇〇メートルを超える横長の建物が丸の内に出現したのです。列車にこれから乗るという人は現在の丸の内南口から乗車し、降りた人は丸の内北口から出てくるという、乗車用と降車用の改札口が完全に分離された構造となっていました。

現在の感覚からすると、いかにも不便で非効率な構造のように見えます。しかし当時、長距離列車に乗って旅行するということは、現在の海外旅行よりも大ごとでした。今でも多くの人は海外に旅行に行く際、空港の出発ターミナルで手荷物を預けて飛行機に乗るのではないでしょうか。当時の長距離列車も、多くの旅客は乗車前に手荷物を預け、降車駅で受け取っていたのです。空港でも出発ターミナルと到着ターミナルが分かれていることが普通です（二つの場所が数百メートルも離れているということはさておき）。つまりその構造自体が、東京中央停車場がまさに統一的な全国ネットワークの結節点として誕生したことを象徴しています。

とは言え、東京駅が国土交通の結節点という構想どおりの役割を十分に果たすようになるまでには、非常に時間がかかりました。実際には、それから長きにわたって「東海道線のターミナル」としての時代が続くことになります。時をずっとくだってJRが発足してさらに後、東海道のみならず東北・上越など九州の新幹線をのぞくすべての新幹線が乗り入れ、東北・高崎・常磐、中央、東海道の在来線各線の列車が東京駅を通るようになったのは二一世紀になってのことでした。

国鉄の旅客営業のスタイル確立

東京駅のような国鉄という存在をわかりやすくするカタチも重要ですが、単なる各私鉄の寄せ集めではないことを示すためには、国鉄らしい営業スタイルというものを具体的に確立することも大きな課題でした。一九〇七年一〇月に木下淑夫《きのしたよしお》が旅客課長に就任した当時、鉄道院の雰囲気は次のような状態だったといいます。

> 昨日まで競争相手でしのぎをけずった相手同士が、どういう精神的目標で仕事に従事して行くか、機関車、客車、貨車などから信号など、形式も違えば取扱い方も異っている施設を、どうやってうまく運転して行くか、とにかく、大方針を樹てねばならぬときに際会していた。なかでも営業は、各私鉄とも、区々まちまちの方針で、何れも自分の長く従事して来た会社の方針が、一番よいものと信じている風もあった。[44]

木下淑夫　『国有鉄道の将来』（鉄道時報局、1924年）

車両や施設の違いは比較的わかりやすいことですが、営業のスタイルというものは目に見えないだけに、その違いを克服するのは容易なことではありませんでした。それだけに、国鉄の旅客営業の責任者となった木下は、より革新的な方針を打ち出す必要があったのです。

鉄道の歴史に詳しい方であれば、木下淑夫のもとでさまざまな画期的営業施策——日本初の特急列車の運転、食堂車の充実、回遊列車の運転、団体割引運賃の充実等々——が打ち出されたということは、よくご存じかと思います。さらに木下の施策は鉄道院が直接管轄する内地を対象とするものにとどまらず、日露戦争によって一挙に拡大した大日本帝国の領域を股にかけた、ジャパン・ツーリスト・ビューロー（略称ＪＴＢ、後に東亜旅行社、日本交通公社を経て現ＪＴＢ）の創立や国際連絡ルートの確立といった施策を展開していきました。

こうして木下が国鉄の旅客営業を刷新する新機軸を打ち出し続けたのは、従来の各社の営業スタイルを超えた国鉄独自の流儀を確立する必要があってのことでした。

統一というミッション

鉄道国有化の目的の一つは、単にネットワークを統一することだけではなく、統一によって運賃を安くするということでした。

鉄道院は一九〇七年一一月に、全国統一的な新たな旅客運賃制度を導入しました。それまでは、鉄道会社ごとでばらばらの運賃体系で、基本的には鉄道会社ごとにその都度運賃を支払う必要がありました。それを改めて、国鉄線の通っているところなら、どこからどこへでも「通し」できっぷを買えるようにしたのです。さらに、遠くへ行けば行くほど運賃が割安になる遠距離逓減制が導入されました。こうして、全国ネットワークのメリットが発揮できるようになりました。運賃統一は貨物についても順次進められていきました。

そうしたソフト面だけではなく、ハードについても統一が求められます。とりわけ車両の統一は重要な課題となりました。前述したとおり、明治時代に鉄道技術を外国から導入した際、官設鉄道はイギリス、北海道はアメリカ、九州はドイツといったようにそれぞれ異なった国をモデルにしていましたが、その結果、機関車の輸入元も異なったため、車両の規格や性能がまちまちだったのです。

国有化当初も、それらの国々から機関車を輸入したり、コピーしたものを使ったりしていました。ですが、いろんな規格や性能の車両が入り混じった状態は、全国統一的なネットワークを運用していく上では、当然ながら好ましくありません。

9600形蒸気機関車　1975年、北海道の岩見沢第一機関区にて。共同通信社

そこで鉄道院は、機関車をはじめとする車両や鉄道用品の規格の統一と国産化を進めました。

機関車では貨物用の九六〇〇形（一九一三年）、旅客用の八六二〇形（一九一四年）が相次いで開発され、国鉄の標準形式として大量に配備されるようになりました。これらの機関車はその後も長く使われ続け、特に九六〇〇形は一九七六年、日本で蒸気機関車がなくなる時まで現役で働き続けました。つまり、鉄道国有化後、数年のうちに国鉄は蒸気機関車の技術を自家薬籠中のものにしていたのです。[45]

鉄道連絡船

さて、国有化前から、本州以外の北海道、四国、九州にも鉄道はありましたが、基本的にはそれぞれの島の中で独立した運行を行っていました。距離の短い関門海峡では早くも一九〇一年から関門連絡船が本州と九州の鉄道を連絡していましたが、それ以外の島は、本州とは切り離された形で鉄道が展開していたのです。特に北海道の鉄道は、津軽海峡で本州と接する函館ではなく、本州から遠く離れた小樽《おたる》を起点として鉄道網が展開されはじめたように、まさに独立王国でした。鉄道網整備の指針となる法律についても、北海道鉄道敷設法という本州以南を対象とした鉄道敷設法とは別体系に置かれていたことは、先に触れたとおりです。鉄道国有化後、国鉄はこれら海に隔てられた地域の鉄道を直営の連絡船を運航することで、全国一体のネットワークへの組み入れを進めていきました。

四国へは宇野と高松を結ぶ宇高連絡船を一九一〇年に、北海道へは青森と函館を結ぶ青函連絡船を一九〇八年に、それぞれ航路を開設します。旅客は自分で乗り換えてくれるので、それぞれの駅に隣接した桟橋を整備すれば、ひととおりの用は足りるのですが、問題は貨物です。実は開設当初の連絡船は、いずれも貨物は貨車からいったん下ろして汽船に積み替えていました。その時点で、貨物輸送は実質的にいったん途切れてしまうことになります。これでは国有化以後増え続ける貨物を捌いていくことは困難でした。

貨車をそのまま汽船に搭載するようにできれば、鉄道貨物としての一貫した輸送が一応成り立ちます。そこで、まず国有化前から存在した関門連絡船で、貨車を汽船に搭載して輸送する貨車航送の実現にこぎつけます。その後、一九二五年に青函連絡船、一九三〇年に宇高連絡船など、ほかの航路でも貨車航送が順次導入されていきました。こうして、本州とは海で隔てられた地域の鉄道も、連絡船を介することで一体化が進められていったのです。

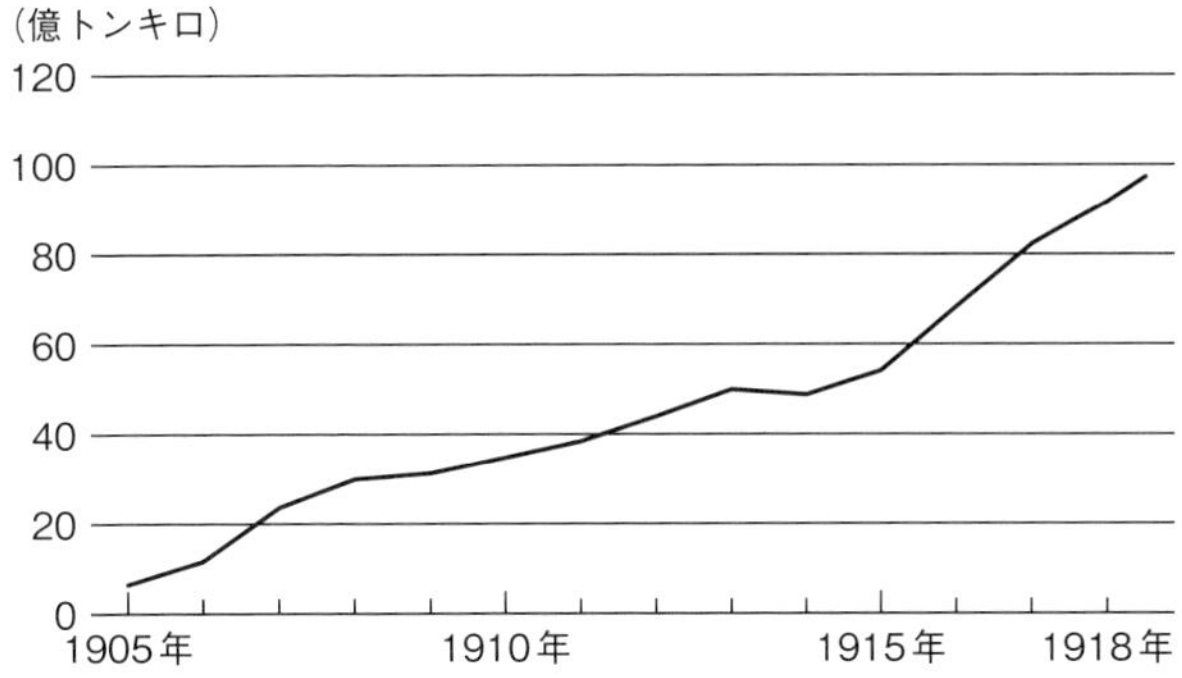

国有化以降の貨物輸送量　『鉄道統計資料』各年度版より作成

貨物輸送システムの形成

さて、ここまでたびたび貨物について言及をしてきました。実は、鉄道国有化による変化は、旅客よりも貨物輸送において大きなものとなりました。

鉄道貨物輸送は、新橋・横浜間が開業した翌年から行われていました。官設鉄道時代の新橋駅では旅客だけでなく貨物も扱っていたのです。鉄道国有化前の時代の鉄道貨物輸送について詳細はよくわかっていないのですが、基本的に一社のエリア内で輸送が完結することが多かったようです。つまり、他の会社への連絡の手配を要する場面はあまりなかったと考えられます。いずれにせよ、国有化前の貨物輸送のボリュームは、大都市のターミナル駅において旅客と同居していても十分に捌くことができる水準であったことは確かです。

それが国有化によって大きく変わります。全国的なネットワークが形成されるということは、大量の貨車が全国規模で移動する事態が出現することを意味したからです。線路がつながっている限り、全国どこへでも貨物を運べる――一見あたりまえのことですが、鉄道が国内の陸上輸送を一身に担う中でのことですから、大きなインパクトをもたらしました。

ここで、貨物輸送がどのような仕組みであったのかを具体的に見てみましょう。たとえば、東北本線、高崎線、常磐線の各方面から東海道線に向かう貨車があるとします。それらはそれぞれ、山手線を経由していったん品川駅に集められます。現在の品川駅は旅客しか扱いませんが、当時の駅は旅客と貨物の両方を取り扱うことが普通でした。品川駅に集まった貨車はひとつの貨物列車として組み立てられ（組成）、品川駅を出発します。東海道線を南下し、大森、蒲田、川崎、鶴見、神奈川と各駅で停車し、その都度貨車を切り離したり、あらたな貨車を連結したりしながら、さらに東海道線を進んでいきます[46]。

このように、貨物列車は駅に停まるたびに貨車を入れ換えていたのです。そして他の路線と接続する品川駅のような拠点駅では、いったん列車を貨車ごとに解体して、再び方面別に組み直して、新たな列車を仕立てるという作業を行っていました。この作業を操車といいます。

このシステムであれば、たしかに線路さえつながっていさえすれば、貨車を全国どこへでも送ることができます。また同時に、膨大な人員と業務量が必要だということもおわかりになるかと思います。

これだけの手間ひまをかけながら進行するのですから、列車のスピードは平均すると自転車並みに遅くなります。さらに目的地への到着日時も、はっきりとは分からないという大きな欠点がありました。しかし、自動車がまだそれほど普及しておらず、道路の整備も遅れていた当時の日本の状況では、それでもきわめて強力な輸送方式となりました。そして国鉄は、この方式の精緻化に磨きをかけていきます。

広域・巨大・複雑精密なシステム

貨車の需要は、季節や地域によって大きく増減することが特徴です。もちろん旅客も季節や地域によって変動しますが、旅客列車は、乗客がいくら少なくても基本的に運転されるのに対して、貨物列車は輸送状況によって運休したり、場合によっては臨時列車を運転したりすることも少なくありません。貨物は旅客とは比べられないほど、輸送の伸縮の度合いが大きいのです[47]。ということは、必要な貨車の種類や量も、季節や地域によって大きく変動することを意味しました。

国有化によって、その変動は全国規模に拡大することになります。貨物運賃が統一され、路線の建設が進むと、貨物輸送は広域化し、輸送量は増えていきました。そうして、一地域ではなく列島全体の輸送需要にあわせて必要な時に適切な路線に貨車を投入するという、きわめて複雑な貨車のオペレーションが要求されるようになったのです。

ところが、国有化当初の国鉄の組織は、到底それに対応できるようなものではありませんでした。先述のとおり、たしかに国鉄は地方に鉄道管理局を設けていますので、統一的な管理が可能になったようにも見えます。しかし、実際に業務を行うのは、東部鉄道管理局は旧日本鉄道系、中部鉄道管理局は旧官鉄系といったように、もともとの鉄道から引き継がれた人々です。看板を掛け替えたところで、一朝一夕に新たな組織ができあがるわけではないのです。貨車についても、それぞれの管理局の所属という状況が続いていました。その運用も管理局ごとで行われて、全国規模の統一的な運用にはほど遠い状態でした。仮に旧官鉄系の人々が旧日本鉄道系の縄張りの東北方面の貨車運用を仕切ろうとしてもうまくいきません。そこで国鉄では、職員を国有化以降に養成された若手に順次入れ替えていく形で、徐々に貨車運用の統一を図っていきます。

さらに、一九二〇年に鉄道省が発足すると、同省運輸局に配車課という部署を創設します。ここを中心にして、全国的な輸送効率を重視して貨車を運用していくことになりました。

さて、日々刻々と動いている膨大な貨車をうまく運用していくためには、相互に適切な連絡を取り合うことが不可欠となります。しかし文書や電報で伝達したのでは、なかなか埒があきません。そこで鉄道電話の増設が進められるとともに、毎日一定の時間は運用関係者が独占的に使用する制度を定めたり、指令者が一定の区域内の各駅に一斉に指令を伝達できる指令電話装置（ディスパッチャー）を導入したりして、中央と地方、現場との意思疎通を図ろうとしました。こうして鉄道省配車課を中心とする全国統一的な貨車の運用体制が出来上がっていきました。[48]

このように、全国統一的なシステムというものは、一朝一夕にできるものではなく、制度、人事、技術各方面にわたる改良や工夫が必要だったのです。こうして、国鉄のネットワークの広域化、巨大化が進むにつれ、鉄道貨物のオペレーションは非常に複雑なものとなっていきました。

さらに、貨車の運用だけでなく、営業面でも高度複雑化した貨物輸送に応じたシステムが求められます。とりわけ運賃の制度でも改革が必要となりました。

旅客の運賃は、おとなとこども、普通運賃と団体運賃といった程度で、そんなに種類があるわけではありません。しかし当時の貨物運賃は、等級制といって、運ぶモノの種類によってそれぞれ異なっていました。運賃の異なるモノが複合した場合とか、そもそも運賃表に載っていない種類のものとか、複雑な対応が必要となるケースは、それに携わる職員も相応の専門性の高さが求められたのです。しかも、国有化までは、鉄道ごとにそれがまちまちだったわけですから、運賃の統一には非常な困難がともないました。

そういった理由から、運賃体系の整備もやはり一気に進めるというわけにはゆかず、一九〇六年一〇月に暫定的な運賃改正を行ってから、本格的な新運賃制度が整う一九一二年一〇月まで約五年の歳月を要しました。[49] 貨物運賃も統一され、運賃の面からの全国ネットワークが形づくられていったのです。

こうして貨物の取扱量も年々増え、国鉄全体の収入に占める割合も旅客に匹敵するものとなっていました。鉄道管理局の貨物担当者や大きな駅の貨物掛といった貨物輸送の中枢を担う部署には、優秀な職員が集められたと言われています。実際、こうした部署を経た職員は、その後出世することが多かったようです。一般の人々は、駅の出札口や改札口、車掌といった旅客営業関係の職員に接することが多かったわけですが、組織としての国鉄としては、人目につかない貨物関係の業務のほうを、より重く位置づけていたと見ることもできます。

横浜線改築試験工事の様子　『日本国有鉄道百年写真史』

「建主改従」か「改主建従」か

鉄道が国有化されたとき、国鉄には進むべき路線が二つありました。一つは、鉄道網を全国に張りめぐらせていくことを優先する「建主改従」です。もう一つは、幹線や大都市圏といった需要の多い路線の輸送力増強を先にすべきという「改主建従」です。

鉄道院総裁となった後藤新平は、後者「改主建従」の立場をとっており、輸送力の増強を重視していました。そこで大きな問題となるのが軌間（ゲージ）、つまり線路の幅です。一八七二年に開業した新橋・横浜間鉄道では、一〇六七ミリメートルの軌間を採用しました。イギリスをはじめとする多くの欧米諸国の軌間は一四三五ミリメートルです。前者を狭軌、後者を標準軌ということが一般的です（ロシアなどでは、さらに広い「広軌」を採用）。ですから、日本の鉄道は国際標準から外れた規格を採用したということになります。

狭軌を採用したはっきりとした理由はよくわかっていません。当時の日本では、費用と時間がかかる標準軌を採用するような余裕がなかったということかもしれません。いずれにせよ、その後も基本的に狭軌で鉄道が建設されてきたのでした。

ところが鉄道が普及し輸送量が増えてくると、輸送力を増強するために狭軌から標準軌に改築するべきだという意見が出てきました。標準軌にするので、本来なら「標準軌」論と言うべきという気がしますが、狭軌から広くするということで、一般的に「広軌」論とよばれるようになります。さらに日露戦争により、日本の勢力圏が大陸方面に大幅に拡大すると、輸送ネットワークの統一という点からも大陸の鉄道と同じ標準軌に改築するべきだという意見が強まってきたのです。「改主建従」を重視する後藤新平は、鉄道院総裁となると、実際に日本の鉄道網を広軌に改築する準備を始めました。

こうした広軌化を技術の面で推進したのが、島安次郎《しまやすじろう》です。島は鉄道院技監としてトンネルや線路の路盤の規格に合わせたり、横浜線の原町田・橋本間で既存の狭軌の線路に加えて広軌の線路を増設して改築工事の試験を行ったりして、その実現に備えました。

4　原敬と改正鉄道敷設法

「我田引鉄」か、平等な国土の発展か

全国一体の鉄道網の建設と運営のための鉄道国有化でしたが、国鉄が誕生した時点では、それまで鉄道敷設法で定められていた予定線、つまり国家として整備すべき鉄道ネットワークはまだ完成途上にありました。昭和末期に国鉄分割論が持ち上がった際に、それへの反駁材料として「全国統一のネットワーク」ということが盛んに唱えられることになりますが、それは鉄道国有化以降に徐々に整えられていったものでした。

原敬　国立国会図書館「近代日本人の肖像」

鉄道院は予定線の完成を目指して、引き続き建設を進めていきます。しかし、一八九二年の鉄道敷設法で定められた三三の予定線は、太平洋側に偏っていました。その全部が建設されたとしても日本海側や東北、四国、中国地方の鉄道は手薄なままです。それらの地域へも鉄道を均霑《きんてん》させるという課題が、鉄道国有化以降浮上しました。[50]そこで力を発揮したのが原敬です。

大正時代に入り、衆議院を押さえた政友会の党首として、原敬の力が強くなります。原は首相に就任すると、地方に鉄道を普及させる政策を展開していきました。それまでなかなか開発の進んでいなかった地方に活力を与えようとしてのことですが、同時に後に「我田引鉄」と言い表されるような、鉄道利権政治の萌芽をここに見ることもできます。

ただし、最近の研究では、原はあくまで全国の産業がなるべく平等に発展する条件を整備することで、地域の自立を促そうとしていたのであり、単純な利益誘導政治と考えるべきではないという評価がされるようになってきています。原は地方での鉄道建設のほか、港湾整備、各県への高等教育機関の設置も進めました。これらの政策は、住む地域によって不平等が生じないような条件を整備するという「公共性」を目指したものだったと見ることができます。[51]

地方を底上げしてできるだけ全国満遍なく振興することを目指すのか、それとも大都市に集中投資して都市問題の解決を優先するのか、これは絶対的な正解のない難しい問題です。どちらに重点を置くべきか、現在に至るまで多くの人々を悩ませ続けてきた政治課題が、この時代に明確になってきました。そして原は地方開発に重点を置いていたことは確かであり、鉄道政策においても地方へ路線拡充することを急いだのです。

問われなかった「鉄道路線の密度」の意味

地方路線拡充政策の要となったのが、鉄道敷設法の全面改正です。原内閣の時代になると、明治時代に制定されていた鉄道敷設法による予定線の多くはすでに整備されていました。そこで「新ナル鉄道計画ヲ樹立」、つまり次の時代に必要な鉄道ネットワークのグランドデザインを示す必要が出てきたのです[52]。

そこで、政府は「欧米諸国ノ鉄道ニ比スレハ其ノ普及ノ割合甚タ稀薄ナリ[53]」として、新たな鉄道敷設法の必要性を訴えます。日本は明治から大正にかけて、鉄道網の整備を進めてきましたが、それでも欧米諸国に比べれば、国土に対する鉄道網の密度は依然としてかなり低いというのが政府の主張です。鉄道網の密度が低いままでは「帝国ノ進運」に大きな影響があることは、説明するまでもなく明らかなこととされたのです[54]。

鉄道路線の密度を欧米並みにすることが、本当に国力の増進に直結するのか、振り返ってみればこの時点でしっかりと考えてみるべきだったのかもしれませんが、このときは自明のこととして顧みられることはありませんでした。原内閣が提出した鉄道敷設法の全面改正法案では、六八〇〇マイル

（約一万キロメートル）の新たな鉄道網が選定されることになります。そのすべてが建設されれば、国鉄だけで一万五四〇〇マイル（約二万四八〇〇キロメートル）、これに私鉄の五〇〇〇マイル（約八〇〇〇キロメートル）を加えれば、三、四十年後には何とか欧米並みの密度の鉄道網を実現できるというものでした。[55]

ここでは鉄道敷設法で建設する路線＝国鉄線という認識と、私鉄も全国鉄道のネットワークの一翼を担っているという考えが共存しています。政府と民間のハイブリッドで全国ネットワークを形成という、鉄道国有化によっていったん否定された考え方が、再び台頭してきたと見ることもできます。

法改正と並行して、国鉄の運営組織も巨大化するネットワークに見合うように整備が進められます。内閣直属の組織であった鉄道院は、一九二〇年に鉄道省に改組されました。鉄道開業以来からさまざまな変遷を経て、ついに一つの省として独立するまでになったのです。このように、国鉄のあり方に法と組織の両面から大きな影響を及ぼしたのが原敬という政治家でした。

「盲腸線」が生みだされる構造

ところがその原は、一九二一年一一月四日夜に暗殺されてしまいます。京都に出かけるために赴いた東京駅の改札口付近でのことでした。殺害犯は、当時大塚駅の転轍《てんてつ》手であった中岡艮一《なかおかこんいち》。殺害された場所も人も国鉄と深いかかわりがありました。現在も丸の内南口の改札口近くに暗殺地点の標識がありますが、広い東京駅の中で他でもないこの場所が現場となったのは、当時はそこが乗車口であり、列車に乗る者は必ず通過する場所だからです。

鉄道敷設法の全面改正は、原敬の死後の一九二二年に実現しました。鉄道大臣の諮問機関となった鉄道会議も、政治家や各省庁の次官などがメンバーに加わり、鉄道計画に対する政治の影響力が強くなっていきました。[56]

改正前の予定線が三三路線だったのに対して、改正後には一挙に一四九線に増えました。路線数では四倍以上です。改正前は別法（北海道鉄道敷設法）で定められていた北海道も統合されたので、すべて実現すれば、北は北海道、南は九州に至るまで、沖縄県を除くほぼ全土にくまなく鉄道が通るという構想でした。野心的と言うべきか、野放図な大盤振る舞いと見るべきか、その評価は難しいところです。ともかくも、路線を各地に張りめぐらせることで、全体としてネットワークの力を発揮できるという考えが、改正鉄道敷設法には色濃く刻まれています。

たとえば東北地方を見ると、「開拓的鉄道」「縦貫線」「縦貫線ノ補助」「横断線」「連絡線」「臨港鉄道」「沿岸線路」「谷合線」「地方的ノモノ」と、さまざまな性格の路線が詰め込まれていることがわかります。[57]特に「縦貫」「横断」線の多くは、途中で山岳地帯を通過することになっていました。

こうした路線は建設に金と時間がかかる割に、乗客は非常に少ないという特徴を持っています。他方で、予定線が実際に建設されるには、予算をつけて事業化する必要があります。そこで政治家の力がものをいうわけですが、彼らは当然自らの選挙区の路線が事業化するように力を尽くします。彼らにしてみれば、自らの選挙区ではない山の中で路線ができなくても、大きな問題にはならないのです。こうして、改正鉄道敷設法の下では数多くの「盲腸線」が生まれていくことになりました。[58]

5　国鉄ネットワークの充実

求められる高度な技倆

大正時代はたしかに国鉄の路線建設が急激に進みました。その実態は、さきほど述べた「建主改従」か「改主建従」かという当時の議論を踏まえて言うならば、改良よりも建設、つまりネットワークの拡大を優先させたものと言えます。結果として、全国の路線は、幹線であってもそのほとんどが単線区間という状態になりました。鉄道敷設法が目指すところは欧米諸国並みの鉄道路線の密度の実現でしたが、そうして路線の密度が追い求められる一方で、複線化率においては欧米の水準とは大きな落差が生まれていたのです。

単線に多くの列車を走らせるとなると、要となるのが運転時刻の正確さです。単線では、交換設備のある駅で列車の行き違いをする必要があるので、複線よりもより運転時刻の正確さが重視されます。そうして、拡大を続ける巨大ネットワークを維持していくためには、機関車のようなハードだけでなく、それを支えるソフトの水準も高めることが求められるようになりました。

そこで国鉄は、一九一五年ごろから定時運転率の向上を強力に進めていきます。「列車計画の進歩、運転司令（指令）の強化、指令電話の増強」が掲げられましたが、中でも重要視されたのが、機関車乗務員の技術の向上でした[59]。

蒸気機関車の運転には、相当な経験とノウハウを必要とします。現在でこそ自動運転が実用化されつつありますが、かつての蒸気機関車は、運転を担当する機関士と石炭をくべる機関助士の二人の息が合わないと、まともに動きさえしませんでした。乗務員の練度によって、同じ区間を走行するのでも運転時間が大きく変わったのです。先にも少し紹介した中野重治の小説『汽車の罐焚き』では、福井機関庫所属の機関助士である主人公が、福井・金沢間で乗務する様子が克明に描かれています。時代は昭和に入ってからのものではありますが、かつての蒸気機関車の運転の一端をうかがい知ることができます。

> 機関車は、自重五十九トン四十、定数よりわずかに少い六十輛の貨車を牽引してレールをすべりだした。中原はリバーシングリバーの歯を一つずつひきあげた。
> 　出発信号機がすぎる。転轍手詰所がすぎる。それは見えなくてもよくわかった。踏切のところでシリンダーコックをぐっとあけた。とたんに前部シリンダー下からしゅッしゅッと蒸気がふきだす。[60]
> 　出発信号機はみどりで光っている。ぶううッと鳴る出発報知器……発車せねばならぬ。線路はここからのぼり勾配になるのだ……しあわせと抵抗がすくなかった。のぼり列車の通ったあとだからだった。しかしすぐ同じになった。ブレーキがかかったように重い。ドラフトはますます激しくなる。ショベルはともするともぎとられそうだ。柄をにぎっている軍手の中指関節のところがこげてきた。[61]

中原は砂ハンドルを猛烈に動かして徐々にリーバを落していった。一こま毎にドラフトは激しくなり、缶のなかは旋風のようにわきたった。ファイヤドアをあけると、あおられた火の粉がはじきながらとんでくる。そのつど鈴木の顔と全身前半面がかッと照らしだされ、ショベルをあげてボイラーと格闘しているようだった。[62]

ぐわあッというひびき、同時に爆発的な勢いで湯気と煤煙がまくりこんできた。トンネルへはいったのだった。

ものすごく反響するドラフトの騒音。一ぱいになった湯気と煙とでウオーターゲージはもう見えない。[63]

共有化される現場のノウハウ

蒸気機関車を動かすためには、煙や蒸気が充満する中で、石炭をくべたり、レバーを操作したりするだけでなく、信号や標識の確認といった作業をこなしていかなくてはなりません。さらに気候や勾配、石炭の品質などによってスピードや燃費にも差が生じるということが、よくわかる記述です。まさに「機関車にはそれぞれ癖がある。それは全く人間なみ」[64]だったのです。

列車の本数が少ない時代には、実際の運転時刻に多少の誤差が生じてもさほど実害はなかったことでしょう。それが、運転本数が増え、なおかつ単線であるとすると、運転時刻のちょっとした差が、ダイヤの大きな乱れに直結します。全国規模のネットワークを持つ国鉄のことですから、下関での遅れが青森に波及するというような状態でした。

一九〇五年に東京帝国大学工科大学を卒業し、山陽鉄道に入社した結城《ゆうき》弘毅《こうき》は、国有化後の一九〇八年に長野機関庫の主任となります。結城は、機関士たちに運転時刻の正確さを強く要求する一方、彼らといっしょになって研究を重ねました。当時の機関車には速度計がなかったようなのですが、沿線に夜でも目立つ目印をたくさん選び、そこを通過する時間を時計で測るという方法で、正確なスピードを把握したのです。さらに石炭のくべ方、たき方、蒸気の上げ方についても工夫を重ねて、運転時刻の正確さを向上させていきました。結城はその後、長野で培ったノウハウを国鉄全体に普及させることに努め、「運転の神様」と呼ばれるようになりました。[65]

鉄道というものは、数多くの人々が遂行する膨大な業務を組み合わせることで成り立つ労働集約型産業です。[66] 鉄道の組織全体の業務を円滑に進めるためには、いま見たような機関士たちが個々の現場で得たノウハウを、「共有化」することが重要です。そして、共有化を実現するための要が、規則です。規則化することではじめて、構成員への共有化と組織内での永続性が担保されます。

そこで国鉄は一九二一年前後、国有化以降に蓄積されてきたノウハウの集大成として、統一的なネットワークに対応した規則類の大改正を推し進めました。[67] さらに業務の検査や表彰などを通じて、その普及と維持を図っていくようになります。

省線電車の誕生と、時代に取り残される東京駅

国鉄は、全国統一的な鉄道ネットワークの建設と運営を任務とする組織として生まれました。それは裏を返すと、地域交通は重要な任務ではなかったことを意味します。だからこそ、地域交通の担い手として鉄道国有法では私鉄の存在が認められたのでした。その結果、鉄道国有化以降の東京や大阪といった大都市では、現在の大手私鉄のもととなる電鉄会社が数多く設立され、都市の郊外を中心に路線網を形づくることになります。大正時代以降の日本の大都市の発展、特に郊外への市街地の拡大において、こうした電鉄が大きな役割を果たしていったことはよく知られています。

ところが国鉄も、国有化の際に御茶ノ水・中野間で電車を走らせていた甲武鉄道を取り込んでいました。実のところ、都市鉄道的な役割も担うようになっていたのです。甲武鉄道は、国有化されていなければ恐らく東京の有力な電鉄会社として成長していたでしょう。しかしそうはならず、国鉄の一部となったことで、国鉄自体が電鉄的な性格も併せ持つようになったのです。その後国鉄は、現在の山手線や京浜間にも電車を走らせるようになります。

さらに関東大震災を契機として、山手線が現在のような環状運転を始めるとともに（現在では山手線と言えば環状線ですが、もともとは品川と赤羽を結ぶ、すなわち官設鉄道と日本鉄道を結ぶために建設された路線でした）、中央線、総武線、東北線など放射状に電車路線を整備していきました。国鉄の電車は、鉄道省が経営することから「省線電車」と呼ばれるようになっていきます。省線電車は昭和に入ると関西でも運行されるようになりますが、基本的には東京周辺が中心です。実際東京では、関東大震災後の都市化と呼応する形で、省線電車は都市交通の主要なプレーヤーへと成長していきました。

そうした流れのあおりを受けて、かつて「一等国」の象徴として鳴り物入りで開業した東京駅が、時代遅れという批判を集めるようになってしまいました。それまでは、全国的な鉄道網の結節点として、赤レンガの壮麗な駅舎が偉容を誇っていたのに、開業後わずか十数年の昭和初期になると「世界に於ける代表的拙劣的なるもの」とか、「其の計画たるや実に数十年前のもの」とさんざん酷評されるようになってしまいます。[68]

先にも触れたように、東京駅は主に長距離列車の発着を想定して建設されました。そのため、乗車口と降車口が別々に設けられていたのです。しかし省線電車が整備されると、東京駅の利用者は山手線、京浜電車、中央線による郊外からの通勤客が主体となりました。毎日の通勤で使うのに、いちいち降車口から乗車口に回ったりするのは不便極まりません。駅の構造がまるで実態と合わなくなってしまったのです。

機能面だけでなく建築面でも批判を受けるようになってしまいました。鉄筋コンクリート造のモダンな建物が主流となっていく中、赤レンガの長大な駅舎はデザインが古くさい上に、機能的ではないと、すっかり時代遅れ扱いされるようになったのです。

省線整備の正当化と貨物の増強

省線電車網の構築には、巨額の投資が必要でした。この時期の省線電車網整備の一例としては、秋葉原駅における山手線・京浜東北線と総武線を高架で交叉させる工事がありました。これは当時としてはきわめて高度で大がかりな工事であり、当然ながらその費用も大きなものとなりました。

安井小弥太「秋葉原駅」（『コドモノクニ』第11巻第12号、1932年）

こうした中で、国鉄はあくまで全国的なネットワークを担うという原則との齟齬が表面化します。省線電車は首都において大量の乗客を運ぶものではありますが、東京という街の都市交通であることは否定できず、広域的な交通ということはできません。国鉄の役目ではないという「正論」には、抗しがたいものがあったのです。[69] 多額の資金と労力を投入して省線電車の整備をすることを、なんとかして正当化する必要がありました。

そこで当時の鉄道官僚たちが生み出したロジックは、東京は全国から集まる乗客や貨物の集散点であり、東京とその周辺の鉄道網に重点的に投資することは、都市交通だけでなく、広域的な交通の改善にも役立つというものでした。

たしかに、国有化前は、東海道方面への官設鉄道は新橋駅、東北方面への日本鉄道は上野駅、甲武鉄道は飯田町駅、総武鉄道は両国橋駅といったように、異なるターミナルが並列していて、その相互の連絡は良好とは言えませんでした。ターミナル間で乗り換えをする旅客は、歩いたり馬車鉄道、のちには市内電車を利用したりする必要があったのです。省線電車の整備はそれを大きく改善することになりました。

さて、さらに問題なのは貨物です。貨物は旅客のように自分の足で動いてはくれません。相互に連絡する貨物線の整備が不可欠だったのです。鉄道官僚たちは、東京の鉄道網整備が全国から集まる貨物輸送の改良にもつながるとも主張しました。実際、国有化以後の一〇年間で国鉄の貨物輸送量は大きく増えており、全国の貨物が集散する東京周辺の貨物施設には大きな負荷がかかっていたのです。新橋のようなターミナルに貨車が滞留し、その結果さらに遅延が発生するという悪循環が生じていました。そこで貨物施設の増強が進められることとなります。

巨大操車場の誕生

まずは、品川（東海道方面用）や田端《たばた》（東北・常磐・高崎線方面用）といった既存の主要駅に隣接した操車場が整備されました。さらに貨物列車が増えてきた山手線には貨物専用の線路（山手貨物線）が増設されます。しかし、大正時代も半ばを過ぎると、この程度のことでは貨物需要の増大に対処できなくなってきます。

そこで国鉄は、旅客駅とは別個に独立した貨車専門の操車場を設けて、貨車の操車能力を上げて解決を図ることにしました。実は、国有化の直後から貨車専用の操車場を建設するという構想が国鉄内部では温められていました[70]。それが一九二〇年代になって、いよいよ具体的に姿を現すようになったのです。東京近郊では新鶴見、田端、大宮など、大阪は吹田《すいた》、名古屋は稲沢《いなざわ》といった巨大操車場が、全国各地に次々と開設されていきました。一九二九年に誕生した新鶴見操車場はその後拡張され、「東洋一」とも称される巨大操車場として、東京における貨物の南の玄関口としての役目を果たすようになりました。[71]

ちなみに、新鶴見操車場は品川と鶴見を結ぶ貨物専用の線路の途上につくられました。それが通称、品鶴《ひんかく》線です。もとはあくまでも京浜間の東海道線の輸送力を増強することが目的とされていたため、従来の東海道線の線路に沿って建設されるはずのものでした。ところが、建設計画が具体化した大正時代の後半には、東海道線沿いはすでに都市化が進んでおり、新たな用地を確保するのは困難な状況となっていました。そこでやむを得ず品川・鶴見間については、東海道線とは別ルートで建設されることになったのです。こうした経緯があったため、品鶴線は通称で、制度上はあくまで東海道線の一部という扱いとなりました。

新鶴見操車場　JR貨物新鶴見信号場所蔵

安全と効率性をもたらした「日本式鉄道」

新鶴見操車場は開業してほどなく拡張され、その完成後には、着発線数二八本、方向別仕訳線三五本（延長一万七五九三メートル）を備える巨大操車場となりました。[72] 扱う貨車の数は戦後の一時期を除いて増え続け、昭和三〇年代には一日平均六〇〇〇両を突破し、約二〇〇〇万トンの貨物が新鶴見を経由していました。[73]

新鶴見操車場には、全国から集散する貨車、特に東海道方面と東北・常磐・高崎線方面をつなぐ中継点として、昼夜の別なく貨車が出入りしていました。[74] 操車場に到着した列車は、貨車ごとにいったん分解した上で、行き先別に組み直して、新たな列車として送り出す工程を、流れ作業で処理していました。

カーリターダーを通過する貨車　JR貨物新鶴見信号場所蔵

新鶴見のような巨大操車場では、到着する大量の貨車を新たな方向別に振り分けるために、ハンプとよばれる人工の丘を築き、そこに機関車で貨車を押し上げ、重力を利用して勾配を下り、新たな方向別の線路に振り分ける（散転）という仕組みを採用していました。ハンプから勾配を下ってくる貨車は、連結手とよばれる作業員が飛び乗ってブレーキをかけて停めていました。例えば、一九五五年に負傷した国鉄職員の中で、連結手の割合は約一四%を占めるなど、[75] 非常な危険をともなう作業だったのです。

現在でこそ、ＪＲその他の鉄道会社の仕事が、日々命の危険と隣り合わせというイメージはあまりありません。しかし当時の国鉄では、業務中に大けがをしたり、時には命を落としたりということは、日常茶飯事だったのです。一九三二年に鉄道弘済会が設立され、駅の構内にある売店の営業が委ねられるようになったのは、業務中の事故で障害を負った職員や、殉職した職員の遺族にあらたな職を提供するためでした。

そうしたケアをするだけでなく、国鉄当局は貨物業務の改善に着手します。新鶴見操車場では、一九三七年に自動的に貨車のスピードを減殺するカーリターダー（軌道貨車制動装置）と呼ばれる装置が日本で初めて設置されました。これによって、連結手は十分に減速した貨車に飛び乗ればよくなり安全性が飛躍的に向上しました。作業に要する時間も従来の六割に短縮できるなど[76]、作業の効率も向上して要員を半分程度に減らせるようになりました[77]（ただし、新鶴見へのカーリターダー導入は試験的なもので、本格的な普及は戦後に持ち越されました）。

連結器の取り替え作業　『日本国有鉄道百年写真史』

連結器の改善も行われました。開業当初以来、日本の鉄道では車両の連結にねじ式連結器を採用していました。一方の車両に付いたフックを、もう一方の車両に付いた鎖で止めるという仕組みです。現在でもヨーロッパでは行われている方式ですが、連結の際に連結手が鎖をフックに固定するという作業を一両ごとに行う必要があり、大量の貨車を扱う場合には効率が悪い上に、何よりも危険です。

そこで国鉄では一九二五年の夏に一斉に自動連結器に取り替えました。

この他、大正末期から昭和初期にかけて、列車全体に一斉にブレーキをかけることができる空気ブレーキ、それまでの腕木式信号機に代わる色灯式自動信号機、鋼鉄製の客車など新技術を次々に導入していきます。これらは安全性を向上させたことはもちろんですが、列車の増発やスピードアップにもつながっていきました。たとえば、基本的に進むか止まるしか表示できなかった腕木式の信号が、減速などより細かな指示を出せる色灯式に入れ替わると、後続の列車は速度を落として先行する列車に近づくことができるようになります。それだけ列車の間隔を詰めることができるので[78]、結果として運行の効率性が向上しました。

こうした技術の多くは、欧米の影響を受けてはいましたが、基本的には国内で開発されたものです。イギリスをはじめとする欧米の模倣からスタートした日本の鉄道でしたが、このころには独自の日本式鉄道へと変貌を遂げていたのです[79]。

6　戦時下の苦闘とその遺産

特急「燕」

日本式鉄道の集大成となったのが、一九三〇年に運行を始めた特急「燕」でした。最高時速九五キロメートル、平均時速六五・五キロメートルで東京・神戸間を九時間で結んだというと、現代から見ると大したことのないものに見えてしまうかもしれません。ですが、それまでの特急「富士」に比べ

特急「燕」『日本国有鉄道百年写真史』

ると一挙に二時間二〇分も短縮したというのですから、当時としては画期的な高速列車でした。

燕の実現のために国鉄は線路を強化するなどの努力を重ねましたが、なかでも最大の問題は箱根越えでした。当時の東海道本線は箱根の山岳地帯を北に大きく迂回する、現在の御殿場線を経由するルートをとっていました。一九一八年から国鉄は箱根の下を通る丹那《たんな》トンネルの建設工事を進めていましたが、大量の異常出水や落盤事故など多くの困難に直面していました。この新ルートが開通するまでには、燕の誕生からさらに四年ほどを要することになります。

既存ルートは長い上り勾配が続くので、電化されていない当時、蒸気機関車一両ではゆっくりとしたスピードでしか走ることができません。そこで、東京を発車した燕は、勾配区間の始まりである国府津《こうづ》で停車し、わずか三〇秒で最後尾に列車を後押しする補助機関車を素早く連結することになりました。そして勾配を登り切った時点で補助機関車を走りながら切り離します。燕はそのまま停車せずに走り続けますが、そのままでは機関士の体力が尽きてしまいます。そこで先頭客車で待機していた控えの機関士が、水槽車と給炭車を乗り越えて機関車までやってきて、走行中に交代することにしたのです。このような素人目にもわかるような無理をして、ようやく実現できたスピードアップでした。

一九三四年には念願の丹那トンネルがついに開通したことで、御殿場の急勾配は解消され、特急の運行も安定したものとなっていきます。なお、丹那トンネルの建設は、稀に見る難工事で多くの殉職者も出しましたが、何とか工事を完遂しました。日本のトンネル建設の技術は、この丹那と上越線の清水トンネルという長大な山岳トンネルの掘削を通じて大きく向上したのです。

宮脇俊三　1985年4月。講談社

丹那トンネル開通直後の一九三四年一二月暮、一人の少年が熱海を訪れます。少年の名前は宮脇俊《みやわきしゅん》三《ぞう》、のちに『時刻表2万キロ』や『最長片道切符の旅』といった著作で知られるようになる「鉄道紀行」作家です。当時小学二年生だった俊三少年は、家族と熱海に旅行にやってきたのでした。すでに時刻表を読み込むなど、鉄道にのめりこんでいた宮脇にとって、特急燕はぜひとも乗ってみたい憧れの列車でした。しかし乗る機会はありません。そこでこの月の初めから熱海を経由するようになった燕が通過していくのを、近くのトンネルの入り口で見ることにしたのです。

> 下り「燕」の通過時刻が近づくと、私たちはトンネルの奥に向って耳をこらした。やがて地鳴りのような響きが伝わってきた。そしてブドウ色の電気機関車が姿を現わした。作業帽のツルを顎にかけた二人の機関士の顔つきは、「燕」を運転するにふさわしく、ひときわ毅然としているかに見えた。
> （略）
> どの車両の窓にも乗客の横顔が見え、桃山づくりの展望車の中には老人らしい背中や禿げ頭があったが、展望デッキに人影はなかった。そのためか「つばめ」の文字を中央に、まわりにツバメをあしらった丸いテール・マークが誇らしげなかにも手持ちぶさたな様子に見えた。けれども、それはたちまちつぎのトンネルの奥へと消えて行った。[80]

俊三少年は、高速で走り抜けていく特急燕の雄姿を羨望のまなざしで見送りました。宮脇俊三の父親は宮脇長吉《ちょうきち》。陸軍を退役後、政界に打って出て政友会所属の衆議院議員となっていました。代議士の息子ですから、一般の人々に比べると恵まれた境遇にいたはずですが、それでも特急燕に乗る機会はありませんでした。せいぜい列車の通過を見物するのが関の山という、文字どおり特別な急行列車だったのです。

帝国の鉄道としての「弾丸列車／新幹線」

特急燕は、東京・神戸間の東海道本線だけの運行でしたが、当時の国鉄では、直接管轄している内地の路線にとどまらない、朝鮮や満州といった大日本帝国の版図全体を視野に入れた鉄道ネットワークの構築が大きな課題となっていました。

こうした中で、ひときわクローズアップされた場所が下関です。国有化前から、下関は関釜《かんふ》連絡船を介して朝鮮半島の釜山《プサン》、さらにはその先の大陸の鉄道とつながっていました。その後、敦賀や新潟からの航路が開かれると大陸との連絡口という点では下関の地位は低下したと言えるのですが、しかし、九州との連絡口という意義はむしろ高まっていきます。一九三〇年代に入ると下関を通過する鉄道貨物の量は大きく増え、輸送力は逼迫していきます。

そうした状況をうけて、一九三六年に鉄道省は、関門トンネルの建設工事を始めました。関門海峡にトンネルを通すという構想自体は、国有化直後からありましたが、具体的な事業はなかなか進みませんでした。しかし、満州事変後の軍需が急増したこともあり、一挙に実現を見ることになったのです。

さらには、一九三七年七月に盧溝橋事件が勃発し、日中両国が全面的な戦争状態に入ると、大陸への軍需物資が急増し、東海道線や山陽線の貨物輸送量は急増します。鉄道省では近い将来にこの両線の輸送力は逼迫すると予測しました。

その解決策としてあらたに線路を増設するという案が浮上してきました。線路を増設するのならいっそ従来の線路とは別に新たな線路を作るべきであり、新しい線路を作るのであれば、いっそ広軌（標準軌）で建設するべきという考え方がにわかに力を持つようになりました[81]。

先にも触れましたが、日本の鉄道を広軌にするべきだという主張は、後藤新平らいわゆる「改主建従」の考え方を採る人々によって盛んに唱えられていました。それは結局、原敬率いる政友会が政権を占めることで、いったん立ち消えになっていました。しかし時が下り情勢が変化すると、大陸との連絡、つまり朝鮮海峡にトンネルを掘り、朝鮮半島、さらには北京まで直接線路をつなげるという将来的な展望を念頭において、東京・下関間の広軌別線の建設が一挙に具体化したのです。

広軌別線を建設するのであれば、いっそそれまでにない高速列車を走らせればいいということになり、最高時速二〇〇キロメートル、東京・大阪間を四時間半で走破するという高速鉄道計画が出来上がったのです。それまでの日本の鉄道の常識を覆す画期的なスピードから、一般には「弾丸列車」と呼ばれるようになりますが、鉄道省内での名称は「新幹線」でした。

これだけの一大プロジェクトを事業化するのは、多くの時間を費やすのが通例ですが、この時は戦時体制下という特殊な状況でした。輸送力逼迫を解消し、さらに大陸との連絡を強化するという掛け声のもと、一九四〇年には議会で弾丸列車建設が決定されます。さっそく用地の買収が進められるとともに、新丹那や日本坂など、いくつかのトンネルでは、建設工事も始められました。

結局のところ、戦局が次第に悪化するとそれどころではなくなり、一九四三年には工事は中止されました。ですが、この時点で東京・下関間でのルート選定、用地買収、トンネルの建設工事をある程度進めていたことが、後の新幹線計画の基礎となったことは確かでしょう。

関門トンネルという副産物

弾丸列車こそ実現しませんでしたが、戦時中にもかかわらず工事を進めてきた関門トンネルは、ついに一九四二年に開通しました。関門トンネルの開通は、鉄道輸送にとって画期的なことでしたが、このとき、現在まで続く大きな制度上の変更もなされました。そのひとつが二四時間制の採用です。実は、鉄道開業以来時刻の表記は、午前一時とか午後一時といったように、午前・午後で分けられていました（時刻表では午後は太字で表記するなどして識別していました）。関門トンネル開業時のダイヤ改正の際に、二四時間表記が採用され、現在までそれが続いているのです。

このころには戦争の拡大により船舶の不足が目立ってきたことで、それまで船で運んでいた物資も鉄道で運ぶことが増えると、海峡を越える関門トンネルは大きな力を発揮するようになります。さらに国鉄は、本州側の幡生《はたぶ》操車場を拡充し、九州側の門司《もじ》駅にも貨物操車設備を新設するなど、関門海峡両岸に貨物施設を整備することで輸送力の増強に努めました。

さらに戦局が押し迫ると、米軍が投下した機雷によって関門海峡周辺の海上は事実上封鎖状態となりました。しかし、関門トンネルのおかげで九州と本州をつなぐ輸送は、その後も確保することができたのです。

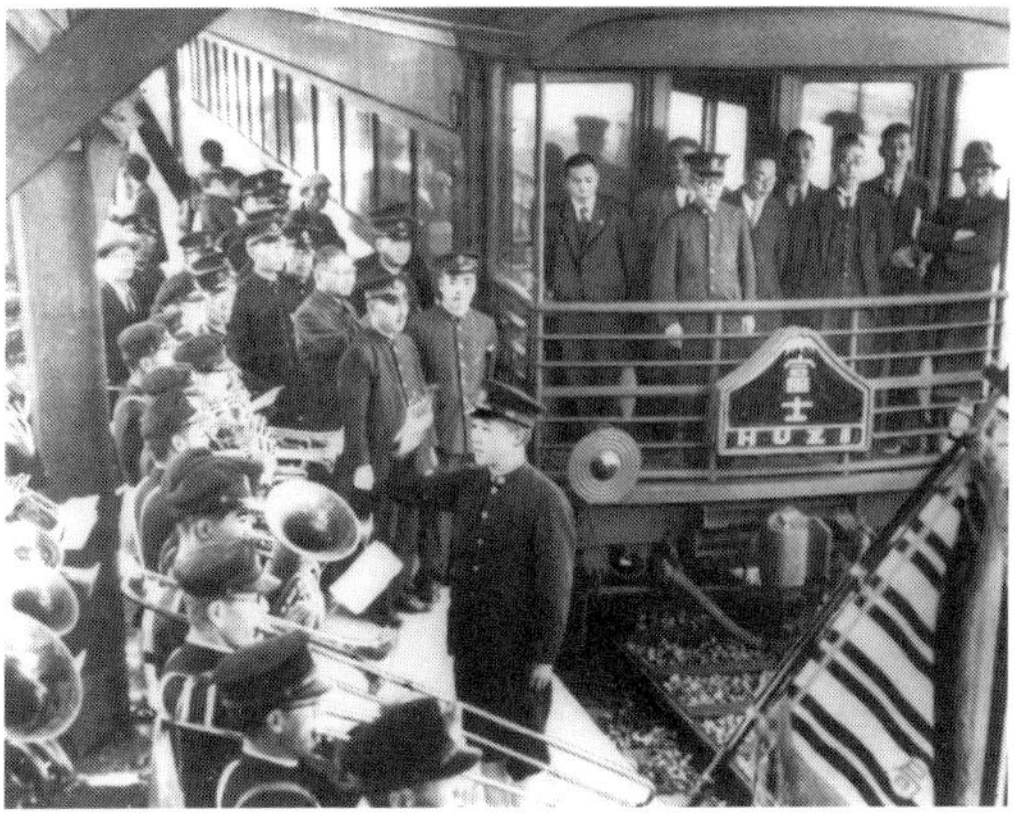

関門トンネル開業　1942年11月15日、門司駅に到着する特急「富士」。毎日新聞社

戦時買収——国鉄と私鉄のあいだ

戦時下には、戦時買収と呼ばれる大規模な私鉄の買

収が実行されました。

日露戦争後の鉄道国有化の際に一七私鉄＋官鉄という体制でスタートした国鉄でしたが、それで固定化されたわけではありません。その後も横浜鉄道や成田鉄道、水戸鉄道のように、大正時代から昭和初めに政府が買収し、国鉄のネットワークの中に組み入れられていった路線もあります（南海鉄道と東武鉄道についても買収法案が議会に提出されましたが、不成立に終わっています）。そうして買収が進められた私鉄の多くは、鉄道敷設法の予定線のルート上に位置するものでした。こうした観点からの買収は昭和に入っても断続的に続けられており、その延長上に戦時買収が実施されたのです。

一九四二年一〇月に閣議決定した「戦時陸運ノ非常体制確立ニ関スル件」に基づいて、軍事上の重要路線、重要港湾に接続する路線などが買収対象とされました。この戦時買収は鉄道国有法制定の際の一七私鉄買収以来の大規模なものとなりました。[82] 北海道や九州の鉱山に関係する鉄道（北海道鉄道など）のほか、南武鉄道や鶴見臨港鉄道といった工業地帯の鉄道などが政府に買収され、国鉄路線となったのです。

こうした中で、国鉄と私鉄の狭間で翻弄され、数奇な運命をたどる鉄道も出てくることになりました。その例が神奈川県の相模鉄道と神中《じんちゅう》鉄道です。一九一六年に開業した相模鉄道は茅ケ崎《ちがさき》・橋本間を結ぶ私鉄で、神中鉄道は厚木から二俣川《ふたまたがわ》を経て横浜に達する鉄道でした。両線は厚木で接続し、相模川から採れる砂利などを運んでいましたが、ともに経営状態はけっして芳しいものとは言えませんでした。そこで、両社とも東横電鉄の傘下に入ることで再建を図りますが、一九四三年には相模鉄道が神中鉄道を吸収合併し、それぞれ相模鉄道相模線、相模鉄道神中線を名乗るようになります。

ところが翌一九四四年に戦時買収により、相模線が政府に買収され、国鉄線に編入されます。その結果、神中線のほうが相模鉄道に残ります。これが現在大手私鉄の一角を占める相模鉄道となっていくわけですが、考えてみれば、もともと相模鉄道とは、現在のＪＲ相模線でした。それが、戦時中の鉄道政策の変遷の中で、もともとは別の私鉄であった神中鉄道が相模鉄道を名乗るようになったのです[83]。現在は電化こそされていますが単線でローカル線色が色濃いＪＲ相模線と、全線複線電化で大手私鉄の一角を占めるまでに成長した相模鉄道、これほどきわだって対照的な存在となったのは、戦時体制ゆえのことだったのです。

　このように、国鉄と私鉄の領域はその時々の状況により常に変わり、固定されたものというわけではありませんでした。戦後になると、戦時中に買収した私鉄の払い下げ運動が活発化し、一九四九年二月には国会に払い下げのための法案まで提出されます。結果的にはこの法案は成立しませんでしたが、こうした経緯から見てわかるとおり、国鉄と私鉄の境目は、つねに揺らいでいたのです。

それでも列車は走り続ける

　すでに触れたように、現在に比べると鉄道の現場はずっと危険でした。なかでも昼夜や天候にかかわらず続ける操車場での作業は、数多くの死傷者を出していました。そこで重要となるのは、夜間でも構内を照らし続ける照明です。

　明治時代の鉄道開業直後から、貨物の構内作業は行われていました。当初は石油ランプだったものが、次第に電灯がとって代わっていったのでしょう。この時期の照明は、線路に沿って林立する灯柱

戦前の夜間照明　JR貨物新鶴見信号場所蔵

に取り付けられていたようです。ところがこの方式は、全体を広く照らすのは難しく、場所によって明暗の差が非常に大きなものでした。現場の作業員は、ランプを持って足元を照らしながら、動く貨車に飛び乗るといった危険な離れ業を要求されていたのです。といっても、このころは取り扱う貨物の量はまだ少なく、構内の面積もこぢんまりとしていたので、それでも「なんとかやれた」といいます。[84]

　しかし、大正時代に入り大規模な操車場が登場してくると、こうした原始的な照明では、とても対処できなくなってきます。そこで高さ三〇メートルにもおよぶ鉄塔を建て、そこから投光器で照らす巨大な照明塔が登場するようになったのです。新鶴見操車場でも完成当初から巨大な鉄塔の上に設置した投光器が構内全体を照らしていました。[85]二四時間体制で貨物を取り扱う貨物操車場にとって、明るい構内照明は不可欠の設備だったのです。

　このように、夜間も休みなく運行を続ける鉄道にとって、照明はなくてはならないものでした。ところが戦時下では、空襲警報発令中などには厳重な灯火管制が敷かれるようになります。家庭の電灯はもちろんのこと、街灯や自動車のライトなど、屋外での照明も消すことが厳しく求められました。特に空襲警報発令中は、電車やバスも運行がストップしました。

　しかしそれでも、国鉄の列車は二四時間体制、しかも全国規模で運行していました。仮に一つの地域で列車がストップしても、その影響は全国に波及してしまいます。そのため国鉄の列車は灯火管制の例外とされ、空襲警報発令下でもヘッドライトや信号を減光したり遮蔽したりしながら、なおも運行を続けたのです。[86]

戦局が悪化してくると、切符の発売制限や食糧不足、さらには空襲の脅威も加わりました。多くの人々にとって、鉄道での長距離旅行は縁遠いものとなっていきます。宮脇俊三は旧制高校生となっていましたが、そんな中でも機会を捉えてたびたび鉄道で遠出をしていました。そして一九四五年八月一五日の正午を山形県にある米坂《よねさか》線今泉駅前で迎えます。駅前広場に設置されたラジオで昭和天皇の玉音放送を聴いたのでした。

こんなときでも汽車が走るのか、私は信じられない思いがしていた。けれども、坂町行109列車は入ってきた。いつもとおなじ蒸気機関車が、動輪の間からホームに蒸気を吹きつけながら、何事もなかったかのように進入してきた。機関士も助士も、たしかに乗っていて、いつものように助役からタブレットの輪を受けとっていた。[87]

激しい空襲、艦砲射撃、迫りくる本土決戦、といった異常な状況の中でも、多くの国民が一応日常の生活を送ることができたのは、国鉄をはじめとする鉄道が運行を続けたことも大きく影響していました。終戦を伝える放送を聞いて、国中が茫然自失している中でも、国鉄は通常どおり列車の運行を続けたのです。

　汽車が平然と走っていることで、私のなかで止っていた時間が、ふたたび動きはじめた。[88]

　戦争が敗北に終わったにもかかわらず、何事もなかったかのように走り続ける国鉄の列車を見ることで、宮脇は戦後に向けて気持ちを切り替えることができたのでした。

　戦時中の国鉄は、物資の不足や激しい空襲にもかかわらず、最後まで輸送ネットワークを維持してきました。さらにその収益も、戦費をまかなう臨時軍事費に強制的に組み入れられるなど、国鉄は戦争の遂行に大きな役割を果たしました。戦時中は、大きな犠牲を払って国家に貢献したという意識が、その後の国鉄関係者の意識に長く残っていくことになります。

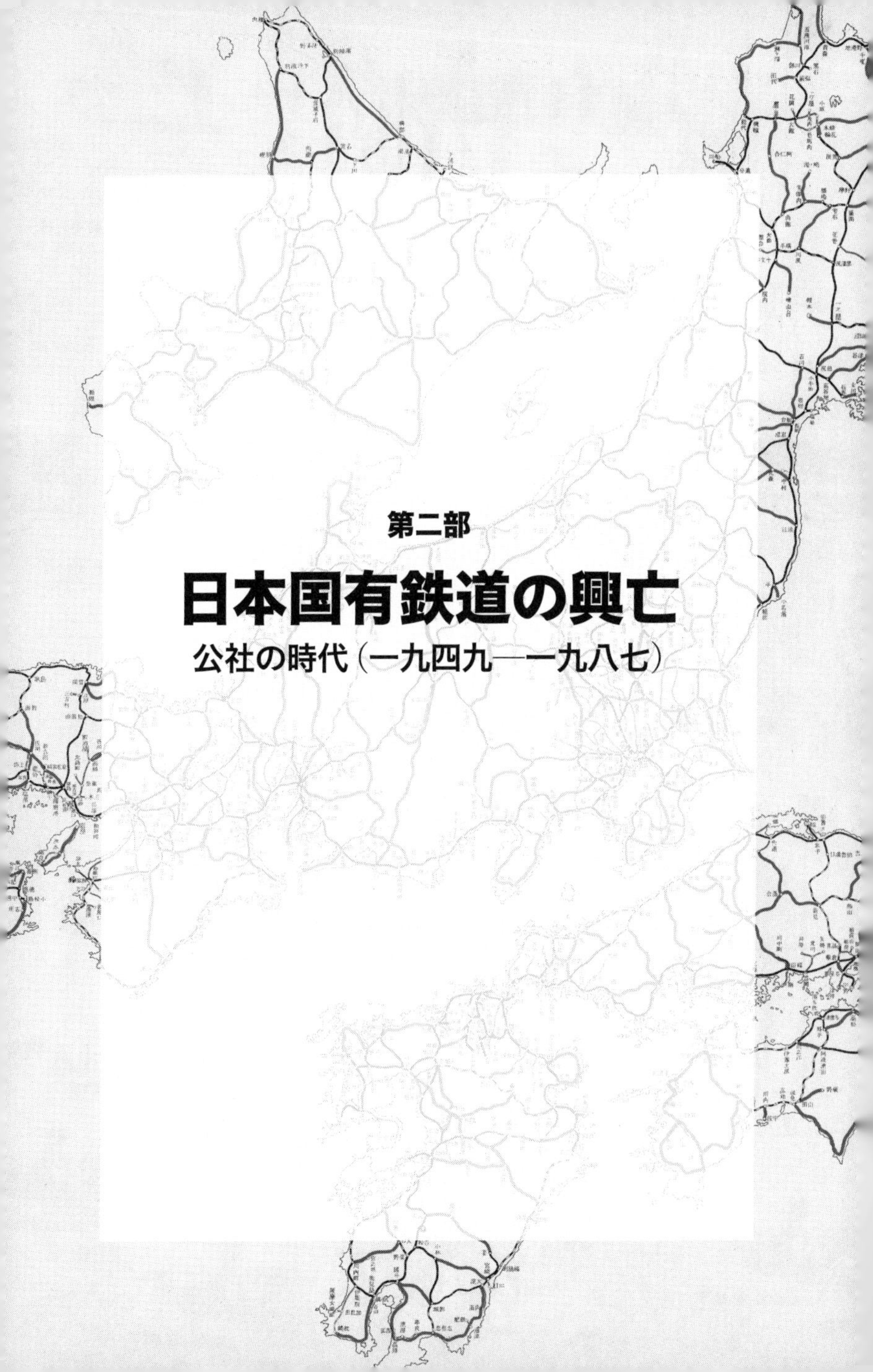

第二部

日本国有鉄道の興亡

公社の時代（一九四九―一九八七）

第三章 「復興」の中で（—一九五五）

1 占領期の混沌

鉄道会議

戦時中の一九四三年、鉄道省と逓信省などが合併して運輸通信省が新設されました。しかしながら、交通と通信を一つの官庁で一手に担うのはかえって効率が悪いということになり、一九四五年五月には通信部門は逓信院として分離され、国鉄は運輸省の所管となります。こうして所属官庁は目まぐるしく変わりますが、政府が直営するという原則自体に変化はありませんでした。

戦後になると、国鉄の民間への払い下げを主張する意見も起こりました。ですが政府は、直営方式を変更する姿勢は見せませんでした。

当時の国鉄は戦時中に車両や設備を酷使した上に、空襲によっても大きな被害を受けていました。戦争が終わると、戦地からの将兵の復員などで輸送力が逼迫した上に、石炭などの燃料不足も重なり、一九四六年から四七年にかけて、国鉄の輸送現場は戦時中よりも厳しい状況に置かれていました。

こうした中で、国鉄を取り巻くシステムが変化を見せはじめます。一九四六年六月には、鉄道会議の制度が大幅に変わりました。それまでの鉄道会議は、極論すればどこに新線を建設するのかだけを決める存在だったわけですが、委員に民間有識者を大幅に加えたうえで、事業計画や運賃といった鉄道経営の基本的なあり方について運輸大臣の諮問にこたえるという位置づけとなりました。[1] つまり、国鉄の経営全般についての諮問機関という位置づけが与えられたのです。

一九四八年一月、鉄道会議は国有鉄道の独立採算制の採用を答申しました。[2] それまでも国鉄についての歳出入は一般会計とは別の特別会計として扱われていましたが、国鉄が官庁よりも企業的な性格を持っているとして、独立採算制を導入するよう提言したのです。

しかし、この当時の国鉄は財政的な危機に直面していました。戦時中の国鉄は臨時軍事費に収益を上納するほど財政的に余裕がありました。それが戦後の急速なインフレの中で運賃値上げが追いつかず、赤字を計上するようになっていたのです。[3] そうしたこともあって、この時点では結局のところ独立採算制は導入されませんでした。しかし、国鉄の経営体制の見直しを求める声は、これ以降も大きな影響力を持つようになっていきます。鉄道会議による独立採算化の提言は、その嚆矢と見ることができるでしょう。

戦災で荒廃した東京駅　1946年。『日本国有鉄道百年写真史』

二・一ゼネスト

昭和初期の国鉄の従業員は約二〇万人の規模でした。しかし終戦後になると、台湾総督府鉄道や朝鮮総督府鉄道、南満州鉄道といった外地の鉄道、さらには陸海軍など、敗戦によって解体されたさまざまな機関から大量の人員を引き受けたことで、国鉄の従業員は一挙に五〇万人の規模にまで膨れ上がります。その過程では、海軍が所有していた炭鉱（志免《しめ》鉱業所）まで国鉄が引き受けることになりました。こうして国鉄は、陸海軍に代わり日本最大の組織となったのです。

戦後、労働組合の結成が相次ぎ、その勢力を拡大させていきました。この時期には民間企業だけでなく、官庁でも労働組合の組織化が進みました。国鉄でも一九四六年二月に国鉄労働組合総連合会（国鉄総連）が結成されます。当初は各地域の組合の連合体という形でしたが、翌年の六月には単一の組織である国鉄労働組合に改組されました。発足時の国鉄総連の組合員総数は五〇万八六五六人。これに次ぐのは逓信系の労働者を組織して結成された構成員数四〇万人の全逓信労働組合です。このように、多くの現業従業員を抱えていた鉄道や郵便の官庁で桁違いの巨大組織が誕生したのです。[4]当時の不安定な情勢下で労働運動が激しくなっていく中で、人的最大勢力を誇る国鉄の労働組合は、大きな位置を占めるようになっていったのです。

先にも触れたように、当時の国鉄は赤字に転落し、経営状況は危機に瀕していました。六〇万人以上に膨れ上がった従業員の整理は、避けて通れない大きな課題でした。そうした中で、一九四六年七月二四日、鉄道総局職員局長加賀《かが》山之雄《やまゆきお》は、赤字を脱却するため七万五〇〇〇人に及ぶ人員整理を国鉄総連に申し入れました。当然、組合側は強く反発し、ゼネストの実行もちらつかせながら、激しい反対闘争を展開します。結局、九月一五日に運輸省は、人事整理の撤回に追い込まれました。組合側の完全勝利となったわけですが、国鉄当局からすれば依然として経営は危機的であり、人員整理の必要性は残りつづけたのであり、問題はその後も尾を引くことになりました。

占領当初、GHQは日本に民主主義を普及させるため、労働運動を積極的に後押しする姿勢を示しました。労働運動が待遇改善や賃上げを要求したりしているうちはそれでよかったのですが、社会生活の麻痺を狙うゼネストや政権奪取を目指すようになると、GHQは一転して労働運動の抑圧に乗り出します。

こうした中の一九四六年後半、待遇改善を要求する労働運動と、それに対し厳しい姿勢を明確にする吉田茂《よしだしげる》政権との対立が深まっていきました。一九四七年には、共産党の主導で労働運動は吉田内閣の打倒を目指すようになります。そうした中で、組合側の最大の作戦が二月一日に計画されたゼネストでした。ゼネストを実行するため官公庁の組合を糾合して結成されたのが、全官公庁労組拡大共同闘争委員会（全官公庁共闘）です。プロローグで述べたとおり、その委員長に選ばれたのが国鉄総連の伊井弥四郎でした。

伊井弥四郎　1947年1月30日。共同通信社

実力行使による政権打倒、つまり革命となる

と、それまで労働組合に肩入れしてきたGHQもさすがに黙って見ているわけにはいきません。結局、マッカーサーの命令でゼネストは直前になって中止に追い込まれました。

マッカーサー書簡

こうした情勢下の一九四七年二月、佐藤栄作《さとうえいさく》が運輸次官となりました。後に首相となった佐藤栄作は、鉄道省に二〇年以上勤めた鉄道官僚でした。国鉄出身で首相にまでなったのは佐藤栄作ただ一人ですが、一般には彼が鉄道出身だったということは、なぜかあまり意識されません。[6] しかし佐藤は、いくつかの局面で国鉄の行方を左右する重要な影響力を発揮しています。その一つが国鉄職員の人員整理でした。佐藤は次官に就任してすぐに、このとき職員課長となった磯崎叡《いそざきさとし》を呼び、次のように語ったといいます。

「現在のような情況で軍隊からの復員や外地鉄道職員の採用等が増えていけば遠からず国鉄職員は六〇万人を越す」
「そうなっては国鉄の経営は全く破綻する」
「今直ぐにとはいわないが、あらゆる方策を立てて一、二年のうちに要員問題を一挙に解決しなければならないことになるから十分勉強しておくように」[7]

佐藤にとって、大幅な人員整理は当時の国鉄最大の課題であり、そのための準備を着々と進めることを、磯崎に指示したのでした。

二・一ゼネストこそ中止に追い込まれたものの、その後も官公庁の組合を中心とする戦闘的な運動は続きます。こうした状況の中の一九四八年七月二二日、マッカーサーは日本政府に「国家公務員法改正に関する書簡」（マッカーサー書簡）を送ります。この中でマッカーサーは、「公務員は全体に奉仕する義務」として争議権と団体交渉権を持つべきではないとする一方、国鉄や専売、逓信といった現業官庁を一般官庁から切り離して公共企業体として再編するよう、日本政府に要求しました。

当時は公務員も原則として団体交渉権もスト権も持っていたのですが、マッカーサーはこの権利を剝奪することを求めたのです。日本政府は、さっそくその翌日の七月二三日に政令二〇一号を発し、公務員からこれらの権利を取り上げました。さらにマッカーサー書簡に副う形で、翌一九四九年から国鉄と専売局が、それぞれ公共企業体日本国有鉄道、日本専売公社として、新たに発足することになったのです。その際、いったん喪失した団体交渉権は回復しましたが、[8]スト権は禁止されたままでした。

佐藤栄作　首相在職時。講談社

この当時、国の現業官庁としては、他に郵便や電信・電話からなる逓信事業がありましたが、これらは政府の直営のまま残されます。数年後に電信・電話だけが、日本電信電話公社として公社化されましたが、郵便は二一世紀になるまで政府の直営事業だったことは、まだ記憶に新しいことと思います。

現業官庁の中でも、このように対応が分かれた理由はよくわかりません。戦闘的だった国鉄と逓信事業の労働組合を分断する目的があったとも言われます。[9] 国鉄の公社化の際の論理や経緯については、多くの研究の蓄積がありますが、逓信や専売など他の現業部門のそれについては、まだあまり研究が進んでいないというのが現状です。この問題については、今後の研究の進展を待たなければなりません。ともあれ、スト権がないという状況は、その後の国鉄に大きな影響を与え続けることになりました。

マッカーサー書簡を受けた運輸省は、具体的に新たな国鉄の組織について検討します。運輸省の外局である「鉄道総庁」、「国鉄公庁」のほか、「国鉄公社」という三つの案が候補として挙がりましたが、結局、ＧＨＱの意向で、公社組織とすることになったのでした。

2　「公共企業体」の桎梏《しっこく》と総裁たち

日本国有鉄道

一九四九年六月、「国が国有鉄道事業特別会計をもって経営している鉄道事業」（日本国有鉄道法第一条）を運営する「公共企業体」として「日本国有鉄道」が発足しました。それまで運輸省鉄道総局が運営してきた事業を引き継いだわけですが、これまで見てきたように、政府直営から公社形態となったのはまったく占領軍の意向によるもので、日本側の事情によるものではありません。ですから、この時には鉄道のあるべき姿については、ほとんど議論されていませんでした。

日本国有鉄道「本庁」　『日本の鉄道』（鉄道記念刊行会、1952年）

そもそも官庁でもなければ、企業でもない「公社」という経営形態自体が、日本にとってなじみのないものでした。「公共企業体」は、GHQに強いられて仕方なく採用したものであり、多くの国鉄関係者にとっては「マッカーサーの訳の分からぬ置き土産」[10]というのが、偽らざる実感だったのでしょう。公社形態は一時的な弁法という意識であり、できるだけ「官庁」としての性格を残そうとしたのです。発足当初、国鉄本社を「本庁」と呼んでいたことなどは、その象徴です。

実際、国鉄の「本庁」は、一九三七年に竣工した旧鉄道省庁舎に運輸省と同居していました。日本国有鉄道発足後、運輸省で国鉄を所管することになったのは鉄道監督局国有鉄道部ですが、両者は依然として密接な関係を持っていたのです。

日本国有鉄道法では、その経営に「能率的な運営」と「公共の福祉」の両立を求めていました（第一条）。「公共性を達成するために、企業性を発揮」するということが建前とされました。[11]

もちろん、民間企業も公共性を持っていますが、企業性と公共性のどちらを優先すべきかという優先順位ははっきりしています。しかし、公社形態においても両方ともが重要なことは確かなのですが、厳しい選択を迫られる局面で、どちらを優先すべきかはっきりしていませんでした。あえて言うならば「独占的利益を使って、北海道にも九州にも、都会にも地方にも、均等にレールを敷いて、均質なサービスを提供」するという「配分の論理」というのが、[12]最大公約数的な理解と言えるかもしれません。

組織の性格ははっきりしませんでしたが、公社化によってはっきりと導入されたのが独立採算制でした。当時、中長距離交通はほぼ国鉄の独占状態にあり、先述したとおり戦前の国鉄は利益を出し続けていました。しかしこれもすでに触れたように、戦後の急速なインフレの中で、赤字を計上するようになっていました。[13]さらに戦時中の酷使と戦災で、国鉄の施設、車両は満身創痍の状態です。本来ならば「国が大量の資金を投入して国鉄を再建すべき」局面だったのかもしれません。しかし実際には工事資金もうまく調達できず復興が遅れ、以後の「国鉄の経営に大きな禍根を残」したといいます。[14]

しかも、独立採算となったといいながら、政府の一般会計から独立した特別会計となっているものの、依然として政府関係予算として、年度ごとに国会の議決による承認が必要なことに変わりはありませんでした。したがって、歳出入についての最終的な決定権は国鉄にはなく、実質的には政府・国会マターとなり続けます。つまり、給与についてもそうであるわけで、労働問題も国鉄内部では処理しきれず、政治問題化しやすい構造を持ってしまうことになりました。

運賃法定主義

独立採算制と並んで、戦前の国鉄と大きくあり方が変わったのが、運賃の決め方でした。従来、国鉄運賃を改定する際には、鉄道運賃審議会もしくは鉄道会議に諮って、その承認を得て大臣が告示するという方式でした。それが、一九四八年七月に制定された国有鉄道運賃法により、運賃の改定には国会の議決が必要となったのです。

こうした変更の直接的な理由は、その前年に制定された財政法において、事実上国が独占する事業の料金は法律か国会の議決を経て決める（第三条）と規定されたことに対応したものでした。日本国憲法は国会を「国権の最高機関」と規定する、いわば国会至上主義をとっていますが、そうした流れの中で国有鉄道の運賃も国会が決めることが求められたのです。[15]

国鉄の運賃を国会が決めるという運賃法定主義は、国鉄と政治との関係に決定的な変化をもたらしました。[16]その後、国鉄は長らく運賃の改定に際して政治に翻弄されるようになったのです。国鉄運賃の法定主義自体は、GHQが公社化を打ち出す前の政府直営の時代に導入された制度であり、公社という経営形態にとって必然のものではありません。しかし実態としては、国鉄の運賃を法律で決めるということが、公共企業体日本国有鉄道を特徴づけるシステムの一つとなっていきます。

国鉄運賃という国民生活に直結するサービスの価格を、国民の代表である国会が決めるわけですから、一見すると民主的な方法のように思えます。しかし、実際のところは国鉄の経営判断を強く束縛するものとなりました。かといって、国会が国鉄の経営について実質的な責任を持てるのかと言うと、議員たちが巨大企業を経営する能力を持ち合わせているはずもなく、事実上は無理でした。形式的に民主的な方法を導入しさえすれば、すべてがうまくいくというわけではありません。

運賃値上げをする場合、それまでは鉄道会議の答申に基づいて大臣が認可するだけで済んでいたのですが、国鉄運賃法の制定以降は、運賃を上げる都度、法律を改正しなければならなくなりました。

他方で、私鉄の運賃については運輸審議会を通して大臣が認可するという仕組みでした。審議会や大臣の認可を得る場合にしても面倒な折衝や手続きが必要ではあり、実際、私鉄の運賃の値上げも事業者側の思惑どおりに進められたわけではありません。[17] しかし、法律を改正する手続きは、それらに比べてもずっとハードルが高いと言えます。国鉄運賃のほうが明らかに値上げしにくい構造となっていたのです。とりわけ、国鉄の経営が悪化してきた昭和四〇年代以降は、このことが国鉄の動きを強く掣肘していくことになります。

権限なきトップ

日本国有鉄道として生まれ変わった国鉄は、そのトップのあり方も改められました。それまでの最高責任者は鉄道大臣でしたが、公共企業体として政府から分離されたため、新たに総裁というポストが置かれることになったのです。

二万キロの路線網と数十万の従業員を擁する巨大組織のトップに立つ総裁、と聞けば非常に立派な役職なのですが、実際には先に見たように予算は国会承認が必要で、設備投資計画も鉄道建設審議会での審議が必要と、重要なことを決める権限は何もないというポストでした。

なお、鉄道建設審議会は、戦後になって改正された鉄道敷設法によって、鉄道会議に代わって設けられた会議体です。鉄道会議は政治が鉄道整備政策に関与する有力な回路でしたが、同時にその権限や影響力はかなり限定されたものであったことも確かです。鉄道建設審議会ではメンバーに関係省庁の次官や学識経験者のほか、国会議員が加わります。そのこと自体は鉄道会議の時からそうでしたが、鉄道建設審議会では与野党の幹事長や書記長といった幹部級の政治家が任命されることが例となっていきます。[18] 国鉄経営に対する政治の影響力が非常に強くなったのです。

こうしたことから、国鉄総裁が非常に難しい立場に置かれることは、当初から目に見えていました。「権限らしい権限は何もなく、職責ばかりが馬鹿に大きくて、だれが考えてもあまり有り難くはない役柄」[19]（藤井《ふじい》松太郎《まつたろう》）だったのです。案の定「責任だけを負わされる総裁など真っ平ご免」[20]（小林《こばやし》中《あたる》）などと、候補として期待されていた政財界の要人からは、ことごとく就任を断られてしまいます。しかも、初代総裁が取り組まなければならない最初の仕事は、大量の首切りでした。それがわか

表3　国鉄職員数の推移　『鉄道統計資料』各年度版などから作成

年代	人数
1935年	218,352
1936年	227,689
1937年	253,247
1938年	272,175
1939年	309,916
1940年	339,610
1941年	384,559
1942年	401,772
1943年	470,556
1944年	524,664
1945年	518,134
1946年	573,086
1947年	610,543
1948年	604,243
1949年	490,727
1950年	473,473

下山定則　共同通信社

っている以上、なり手はなかなか見つかりませんでした。

「国鉄誕生の人柱」

そうした曲折のあげく、運輸次官だった下山定則《しもやまさだのり》が初代総裁に就任することになりました。一九二五年に東京帝国大学工学部機械工学科を卒業し鉄道省に入った下山は、主に運転畑でキャリアを積んできた人物でした[21]。

総裁になった時、下山はまだ四〇代でした。敗戦で戦時中に主要な役割を果たしていた人々が公職追放になっていたという事情もありますが、それにしてもずいぶんと若くしてこの重要なポストに就任することになったものです。

初代総裁となった下山が着手した最初の仕事が、国鉄従業員一〇万人の整理でした。先にも触れたように、戦後六〇万人以上に膨れ上がった国鉄の従業員は、経営を圧迫していました。一九四六年に七万五〇〇〇人の整理を断念して以降も、国鉄当局は人員整理の機会をうかがっていました。そうした中、日本国有鉄道の発足直前の一九四九年五月「行政機関職員定員法」が制定されます。この法律は、基本的に役所の職員の定員を決めたものですが、「附則」で公社化される日本国有鉄道と日本専売公社についても定員を定め、かつ、整理のための期限まで明示していました。

附則

7 日本国有鉄道の職員は、その数が昭和二四年一〇月一日において、五〇万六七三四人をこえないように、同年九月三〇日までの間に、逐次整理されるものとする。

「馘首絶対反対」と大書された国電車両 1949年。毎日新聞社

国鉄職員は当時六〇万人ほどでしたから、五〇万強を超えないようにするということは、一〇万人近くを数ヵ月のうちに減らしてしまうという強硬策です。さらに恐ろしいのは、次の一項です。

8 日本専売公社及び日本国有鉄道の総裁は、前二項の規定による整理を実施する場合においては、その職員をその意に反して降職し、又は免職することができる。

本人の意向に関わりなく有無を言わせずに馘首を断行するというのです。

当然ながら組合側は「組合員の首切り整理が、団体交渉の対象にならないというばかりか、対象にしてはいけないという首切り法がまかり通るというのは、これは民主主義統治国ではありえない」[22]と大反発し、断固として受け入れない姿勢を示しました。
一九四七年に当時の運輸次官佐藤栄作が職員課長磯崎叡に直々に命じて大幅な人員整理のプランを練らせていたことは、先に触れました。定員法は、まさにそれを実行に移す段階に入ったことを示すものでした。定員法が施行されたのが一九四九年五月、日本国有鉄道の発足が六月ですから、公社として再出発した国鉄初代総裁下山定則の最初の大きなミッションは、この一〇万人の人員整理だったことがよくわかります。なお、このとき人員整理の実務に当たったのが、国鉄職員課長となっていた磯崎でした。もちろん磯崎としても一〇万人にも上る大量の人員整理は「いやな仕事」でしたが、そうしないと「国鉄全体が生き残れない」[23]として、法律に基づき粛々と実務を進めたのです。磯崎はのちに、国鉄時代でもっとも印象に残ったこととして、「二十四年のクビ切り」を挙げています。[24]
結果として、この人員整理が下山初代総裁の命を奪うことになりました。第一回目の免職三万七〇〇〇人を発表した翌日の七月五日朝に三越本店前で姿を消した下山は、翌六日未明、東京都足立区内の常磐線綾瀬・北千住間の線路上で轢断死体となって発見されたのです。下山の死が他殺か自殺かをめぐっては、当時からさまざまな議論があり、今日に至るまで真相は解明されていません。
下山が非業の死を遂げた後、無人電車が暴走した三鷹事件や、走行中の列車が脱線転覆した松川事件といった奇怪な事件が相次ぎました。結果として「世論が組合に厳しくなったため、国鉄はじめ全行政機関の人員整理が逆にやりやすくなった」[25]ということ自体は否めません。そして、大規模な人員整理を断行したことで、「国鉄経営は二〇余年にわたって安定を見ることが出来た」[26]のでした。下山は、一命を差し出すことで公共企業体日本国有鉄道成立の足固めをしたと見ることもできます。そうした意味で初代総裁下山定則は「国鉄誕生の人柱」となったと言えます。

陣頭で実務にあたった磯崎叡は、その後、副総裁、総裁を歴任し、国鉄のトップに君臨するようになりますが、それについては、後でまた触れたいと思います。

「死屍累々」の歴代総裁

下山事件の実地検証 下山の体重と同重量の砂人形を使っての実地検証。1949年7月28日、共同通信社

下山以降の総裁も不幸に見舞われ続けます。ここでやや先まわりして、以降歴代の総裁のほとんどが何らかの形で辞任に追い込まれたことをざっと見ておきましょう。

二代目の加賀山之雄は桜木町駅付近での電車火災、三代目の長崎惣之助《ながさきそうのすけ》は連発した重大海難事故の責任を取って、それぞれ早々に辞職しています。その後を継いだ第四代十河信二は、東海道新幹線を実現に導いた総裁として後世に名を残すことにはなりますが、新幹線建設費用が当初の予定よりも膨れ上がったことが問題となり、その職を去ることを余儀なくされました。

十河は東海道新幹線の開業式には出席することも叶わなかったのです。新幹線の開業式に第五代総裁として出席したのは石田禮助《いしだれいすけ》ですが、最終的に一〇人を数えた国鉄総裁の中で円満に退職にこぎつけたのは、実質的にこの石田だけでした。三井物産出身で鉄道に関わった経験がなかった石田の下、副総裁として実務をとり仕切っていた磯崎叡が石田の後を受けましたが、彼のもとでも国鉄経営の悪化は止まらず、最後は労働組合対策で足元を掬われるような形で国鉄を去ります。続く第七代総裁藤井松太郎も労働問題で辞職に追い込まれています。その後、昭和五〇年代に総裁となった第八代高木《たかぎ》文雄《ふみお》、第九代仁杉巖は、国鉄改革をめぐる対応をめぐってそれぞれ辞職、運輸事務次官から転じた第一〇代杉浦喬也《すぎうらたかや》は国鉄分割民営化を見届け、最後の総裁となりました。国鉄の最期を見届けたので一応使命を果たしたとも言えますが、その杉浦にしても、当人が希望したJR東日本の社長に横滑りは叶わず、不本意な形での退任だったとも言われています。

このように、歴代総裁のほとんどは、その責務をまっとうできずにその職を去らざるを得ませんでした。事故、赤字、労組、民営化の方針などさまざまな責任を取る形で、不本意な辞職が続いたのです。

そもそも、国鉄総裁は基本的なサービスの価格（運賃）も従業員の給料も決定する権限がなく、政治家や国会といった外部への対応がその仕事の多くを占めてしまうことが宿命づけられていました。昭和四〇年代に国鉄の経営が傾き、運賃の頻繁な値上げが必要になると、国会会期中の総裁は国会内にほぼ詰めっきりだったとも言われ、国会議事堂の中には国鉄専用の控室まで設けられていたほどでした。特に運賃法改正審議の期間には、総裁だけではなく、国鉄本社の局長、課長までが国会に張りついていたといいます[27]。これでは、国鉄本来の業務に力を注ぐということも難しかったのではないかと思います。

歴代の国鉄総裁のほとんどが不本意な形で職を去らざるを得なかったのは、時の運や個々のパーソナリティや能力の問題ということにまして、日本国有鉄道の置かれていた構造に依るところが大きかったと考えざるを得ません。膨大な従業員を抱えながら「能率的な運営」と「公共の福祉」の両立を求められる上に、運賃も給料も自分では決めることができないということ自体に無理があったのです。とりわけ公共企業体という経営形態の成立自体が労働問題と深く関わっていたという事実は、結局、国鉄の最期まで尾を引いていくことになります。

3　組織と人々

日本国有鉄道の組織

多くの犠牲を払って一〇万人以上の人員整理を断行した日本国有鉄道でしたが、それでもなお従業員数四九万人を数え、鉄道のみならず自動車、船舶、さらには炭鉱部門までをも有する、日本最大の巨大組織であり続けました。

しかし、すでに述べたとおり、国鉄はけっして独立した存在ではありませんでした。実は、公共企業体に移行する段階で運賃法定主義を外す計画もあったようですが[28]、そのような独自性、主体性を付与することに大蔵省や運輸省が反対したとも言われています[29]。

総裁の任免は内閣が行い（国会の同意が必要）、運輸大臣が強い監督権限を持つとされたうえに、さらに総裁の上には「業務運営を指導統制する権限と責任」を持つ監理委員会が覆いかぶさるという組織構造となっていたのです。内閣の総裁任命もこの監理委員会の推薦に基づくものとされていました（監理委員会はその後一九五三年に経営委員会、さらに一九五六年には理事会と改組されることになります）。

官庁色の強い組織であった国鉄「本庁」には、省庁で言えば官房に当たる総裁室のほか、当初、経理局、職員局、業務局、運転局、施設局、電気局、工作局、自動車局、資材局、鉄道公安局、渉外局の各局、地方には鉄道局が置かれました。鉄道局は全国九ヵ所に置かれ、さらにその下には四九ヵ所の管理部がそれぞれの地域を所管していました。この体制は間もなく支社と鉄道管理局に改められます。

会計や人事を扱う経理局や職員局といった民間の会社組織にも見られるような部局のほか、運転といった鉄道では必要不可欠な部局もあります。

「業務局」とは名前だけでは、にわかに中身が想像できませんが、まもなく営業局と名前を変えました。

資材局は、物資や資材の調達と配給を担当していました。当時の国鉄は、駅だけで約五〇〇〇ヵ所にのぼっていたので、日々必要とされる資材の種類も数量も膨大でした。戦争が終わって間もない物資が不足していた時代には、あらゆるものが資材局経由で調達されました。資材の購入や納品の際に必要となる伝票も膨大で、ハンコを押すだけでも大変な作業でした。そのため紙をめくる専用の係員がいたと言われています。

電気局は、その名のとおり電気を扱います。国鉄は自ら使用する電力も自分で発電していました。川崎に火力発電所、信濃川に水力発電所を持ち、首都圏の電力を自営していたのです。現在でもJR東日本の電力の約六割は自営発電でまかなっています。[30]

このように、国鉄という組織は、権限と予算を握る事務系統、インフラ整備を支える土木技術系統、設備をサービスに転換する機械技術系統という三つのテクノクラート集団の寄り合い所帯でした。[31]

国鉄エリートたち

国鉄の人事システムは官庁のそれをほぼ踏襲しており、トップマネジメントを担う幹部要員は、おおむね三種類の属性の人びとからなっていました。

まずは、本社採用のごく少数の大卒者たちです。中央省庁における高等文官試験及第者に相当するもので、国鉄が公共企業体となってなお「日本型官僚制官庁の典型」であり続けたことを物語っています。[32]とは言え、彼らの意識が官庁時代と同じだったかと言えば、必ずしもそうとも言えません。日本国有鉄道発足以降に採用された職員は、実際には高等文官試験を経て採用されたわけではありません。もともと鉄道の運営に特化した彼らと天下国家を論じる官僚とでは、意識の違いがあったようです。[33]

これに加えて地方支社でも大学卒業生を毎年三〇〇名程度採用していました。彼らの多くは現場には属されますが、比較的早い段階で鉄道管理局や支社などに移り、地方における幹部としてふるまうようになります。

本社採用の学士と地方支社採用の大卒者を合わせても、新規採用者全体の四パーセントほどであり、[34]彼らは国鉄内におけるごく少数のエリートと言えるでしょう。そして残りは、大学を卒業していない一般職員です。この一般職員からも優秀な人材は選抜されて中央鉄道教習所専門部という教育機関に送られ、そこでの研修を修了すると地方支社採用の大学卒業生と同等の扱いをすることになっていました。一般職員からの選抜組は、実務に精通した存在として、本社においても業務の中心を担っていました。

以上の三種類の属性の人びとが、国鉄という巨大組織を運営する側に立っていました。その中でも本社採用の大学卒業生がいわゆる「国鉄官僚」を構成し、特権的に意思決定を独占していると見られていたのです。[35] 昭和五〇年代に国鉄総裁を務めた高木文雄は、大蔵事務次官からの転身でした。大蔵省と言えば官庁の中の官庁であり、その次官と言えば官僚の中の官僚とも言えます。そうした高木の目にも、大蔵省と比べて「国鉄のエリートとノン・キャリアの格差の感じはもっとはなはだしい」[36]と映るほどでした。国鉄は膨大な現業従業員を抱えている分、こうした格差がより明瞭に出ていたのかもしれません。

細かく分かれた階層

以上のような国鉄全体のごく少数のエリートたち以外の、数十万人の職員は現業従業員です。そして彼らも、数多くの「職種」と「職階」によって、細かく階層化されていました。とりわけ、比較的熟練を要する業務や事務分野を担う「掛」職（貨物掛など）と、操車場での作業や踏切番といった「手」職（連結手など）のあいだでは、大きなヒエラルキーの格差がありました。[37] さらに掛職の上位には助役や駅長といった管理職が各駅に配置されます。

「掛」職の中でも、さらに階層が分かれていました。たとえば駅の場合、たいていは「ヒラの駅員」として駅務掛／荷扱掛が置かれ、さらに彼らを指導して事務上の問題を処理する役割を担うものとして、旅客掛／貨物掛などが置かれていました。駅務掛と旅客掛とでは名前からだけではさして違いがなさそうに見えますが、明確な上下関係があったのです。

旅客掛／貨物掛に達するのは、通常は四〇代以上のベテランになってからであったと言われます。特に貨物掛は、貨物を引き受けるかどうかを判断して、運賃や輸送の順序を決定していました。先述のとおり、貨物の運賃は旅客のようなおとなこども、団体程度の単純なものではなく、貨物の種類や輸送距離、重さ、保管や留置などの仕方によって変動する、非常に複雑なものでした。また、旅客は窓口で行き先を言ってその場で切符を買えばあとは乗車するだけですが、貨物の輸送を希望する荷主は、駅に出向いて貨物掛と運賃や輸送順序その他について交渉する必要があったのです。輸送力が逼迫していた昭和三〇年代までの、とりわけ大きな駅の貨物掛は、絶大な権限を持っていたと言われます。

駅には営業関係の職員以外も多く勤めていました。当時の駅は、信号やポイントを操作する運転上の拠点という役割を担っていましたので（現在の駅はほとんど営業の拠点としてのみの役割にかぎられています）、こうした運転関係の業務に従事する駅員も少なからず配置されていたのです。現在では大都市のターミナルなど一部の駅を除けば駅員の数は少なく、そもそも無人駅が非常に多くなっていますが、かつての駅は旅客も貨物も、営業も運転も総合的に扱うことが一般的だったのです。

さて、国鉄が全国にほぼ満遍なくネットワークを持っていたということは、地域の人びとに多くの働きの場を提供していたということでもありました。都市部ではない農村などでは、国鉄は有力な就職先でもありました。その中には家で農業を営みつつ、国鉄に勤務するという「半農半鉄」の人びとが数多くいたのです。[38]駅や操車場といった国鉄の現場は、一昼夜交代勤務が基本でしたから、勤務明け後に帰宅して畑仕事をする「土地に根が生えている」人びとでした。彼らの多くは「土地の顔役、まとめ役」でもありました。[39]

職員のキャリアと労働組合

現在のJR各社や多くの私鉄において、駅員→車掌→運転士というキャリアパスはごく普通に見られるものです。しかし国鉄時代は、運転士が運転局系統に属していたのに対して車掌は営業系に属しており、別系統の人事システムの中にありました。国鉄は「系統一家」と言われるくらい系統別の管理体制が徹底していたのです。[40]さまざまな職種の中でも運転系はとりわけ独自性が強く、労働組合も一般の職員とは別に組織されていました。それが国鉄動力車労働組合、通称動労です。こうした構造の中では、運転士はずっと運転士、車掌はずっと車掌ということとなり、両者のキャリアが交じり合うことは基本的にはありませんでした。

ところで乗り物というものは、船なら船長、飛行機なら機長と、運行の責任者ははっきりしていることが普通です。しかし当時の列車では、運転士と車掌のどちらが運行責任者なのかが、実ははっきりしていませんでした。一つの列車が東京から博多まで行く場合、運転士は動力車乗務員運用、車掌は列車乗務員運用、車両は車両運用というようにバラバラになっていました。船や飛行機の場合のように「クルー」という観念がなかったのです。[41]

縦割りだったのは、人だけでなくモノもそうでした。たとえば駅のプラットホームにある駅名板も、ホームに直接設置されている場合は施設局、ホームの上屋からぶら下がる行灯式は電気を使っているので電気局、ホームの柱にある縦書きの広告入りのタイプは広告があるので事業局、といった具合だったといいます。

もちろんこうした状況が、必ずしも良しとされていたわけではありません。組織は、国鉄時代を通

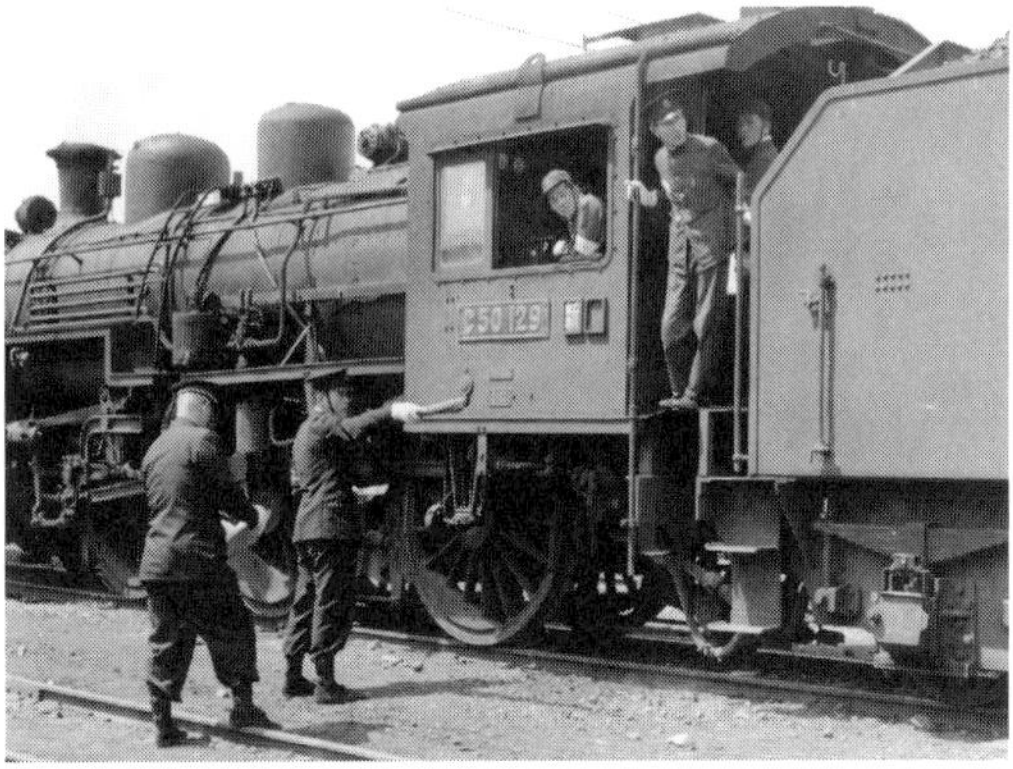

操車場の機関車と職員たち　JR貨物新鶴見信号場所蔵

信号扱所の様子　JR貨物新鶴見信号場所蔵

じて何度も改廃されていきます。国鉄のような巨大組織を運営していくために、最適な形態は何か、その試行錯誤が続いたのです。しかし「横の連絡というものがほとんどない[42]」徹底した縦割りの組織のあり方は、基本的には変わりませんでした。それぞれの系統の現場は、独立性が強く、文化も異なり、相互に交流することもあまりなかったのです。

日露戦争後に国鉄が誕生した直後から、「大家族主義」のように国鉄をひとつの大きな家族と見立てる言説が繰り返されてきました。しかし多くの従業員にとっては、自らが属する現場や分野のことには関心があっても、国鉄全体のことを考える機会は意外に少なかったようです。裏返して言えば、そのように各系統が割拠する中で一体的な運営をしていくためには、職員の意識にだけでも「国鉄一家」という物語を刷り込まないととてもやっていけなかったのだと見ることもできるでしょう。

それだけに、それぞれの職員が職場や地域を越えて所属する労働組合の動向は、国鉄にとって重要な意味を持ちました。国鉄内にはさまざまな組合が存在しましたが、そのなかでも最大組織である国鉄労働組合（国労）のほか、機関士や運転士などで構成される国鉄動力車労働組合（動労）、労使協調路線を取った鉄道労働組合（鉄労）が主要なものでした。

すでに見たように、公共企業体日本国有鉄道の誕生には労働問題が深く関わっていましたし、数十万人にも及ぶ職員が働く組織であった日本国有鉄道の歴史を考えるにあたって、労働組合がどのようにふるまったのかは、きわめて重要なポイントとなります。とりわけ、日本国有鉄道の後半生においては組織の存立を左右するほど大きな存在でした。そのことは後にくわしく見ることとします。

続発する重大事故と戦時体制の残滓

国鉄の輸送量は戦前に比べて飛躍的に増えましたが、昭和二〇年代になっても、基本的な車両や設備は戦前に整備されたものを、だましだまし使いつづけるような有様でした。増え続ける旅客と貨物への対応と、酷使して荒廃した車両や施設の復興は大きな課題でしたが、なかなか実際には思うようには進みませんでした。さらに、蒸気機関車が主力であった当時の国鉄に石炭の不足が追い打ちをかけます。そうした難局にあって、電化を積極的に進めることが求められるようになりました。電化することで、石炭の節約とスピードアップの両立を図ろうとしたわけです。[43]

戦前は国鉄の電化区間は一六〇〇キロでしたが、その倍以上の三四〇〇キロを電化するという計画が立てられたこともありました。しかし結果としては、昭和二〇年代のうちはそうした電化積極策は実現にはいたりませんでした。一九五〇年には、八〇系電車という、それまでの常識を覆す長距離の走行が可能な、その後の日

桜木町事故　事故現場で火を吹く電車に放水する消防隊。1951年４月24日、京浜東北線の電車が桜木町駅に入る直前、パンタグラフが切断した架線にからんで先頭車両の屋根から出火し焼死者106人を出す惨事になった。共同通信社

本の鉄道のスタイルの基礎を作り出した画期的な車両が開発されましたが、こうした新機軸はまだ一部に止まるものでした。

その一方で、輸送力逼迫と設備の酷使がつづいたことの結果として、重大事故が続発してしまいます。一九五一年四月に起こった桜木町事故では、列車火災によって電車の中に閉じ込められた乗客が一〇〇人以上死亡する大惨事となってしまいました。火災を起こした六三系電車は一九四四年から製造された通勤用電車です。戦時設計のため、照明は裸電球、化粧板や座席のモケットを省略、金具類は極力代用品を使うなど、資材を徹底して節約し、簡素化した構造を採用していました。特に電気系統において絶縁を軽視していたことは、事故の際火災が広がる大きな要因となりました。さらに、ガラスを節約するために窓は三段式になっていたので、乗客は窓から脱出することができませんでした。桜木町事故は、ある意味で戦中戦後の物資不足が引き起こし、被害を拡大させたということもできます。

戦時体制が通勤輸送に与えた影響は広汎におよび、また長く尾をひきました。たとえば、現在も首都圏の通勤電車の多くで採用されている一両の全長が二〇メートル、片側四扉のロングシートという形式は、戦時設計のこの六三系電車で初めて採用されたものでした。戦時下には通勤客が急増していたのですが、それを捌くための形式です。このほかにも、整列乗車や通勤費の事業者負担といった、現在まで続く通勤輸送の風習や制度が導入されています。

結局、桜木町事故の責任をとるかたちで第二代総裁加賀山之雄は辞任を余儀なくされました。そして続く第三代総裁長崎惣之助が就任して間もなく、一九五四年には国鉄が運航する青函連絡船の洞爺丸が、五五年には同じく宇高連絡船の紫雲丸がそれぞれ遭難と、大きな海難事故が立て続けに起こってしまいます。いずれとも戦後に建造された新造船であり、戦中・戦後に酷使したボロ船だったというわけではなく、洞爺丸は台風、紫雲丸は濃霧と気象条件が直接の事故原因でした。しかしながら、紫雲丸では子どもを中心に一六八名が死亡、洞爺丸に至っては一一五五名という日本海難史上最大の犠牲者を出してしまった以上、長崎は責任を取って辞任せざるを得ませんでした。加賀山も長崎も長らく国鉄で勤務してきた生え抜きの人材でしたが、いずれも十分な実績を残せないまま、不本意な形でその職を去らざるを得なくなったのでした。

第四章 「近代化」への邁進（―一九六五）

1 新しい時代の鉄道像

よみがえる「老害」

日本国有鉄道発足後、総裁は三代にわたり次々と「討ち死に」を遂げました。その間、老朽施設や車両の更新が思うように進まず、戦時中から続く輸送力逼迫の打開という課題は積み残されたままでした。

こうした中の一九五五年、新たに国鉄総裁となったのが十河信二でした。十河はこの時すでに七一歳、就任の際には「線路を枕に討ち死にする覚悟」と言い放ちました。[1] 高齢な上に持病も抱えていた十河は、当初は就任を固辞しましたが、結局「赤紙をつきつけられて祖国の難に赴くことをちゅうちょする不忠者かといわれたので、私は不忠者になりたくないから引受けた」[2] のでした。

十河にすれば、それまでの歴代の総裁がいずれも不本意なかたちで職を去らざるを得なかった以上、よほどの覚悟を持って臨む必要を痛感していたわけです。とは言え、「線路を枕に」だの「赤紙」「不忠者」だのと時代がかった言いまわしは、時代錯誤な老人が登場してきたという印象を世間に与えるのに十分でした。案の定、『朝日新聞』のコラム「天声人語」は「一昔か二昔前に十河満鉄理事が新京辺りで訓示した台詞そのままが現代に迷い出た感じ」[3]と難じました。まさに絵に描いたような「老害」として十河総裁は登場したのです。

実は、当時の運輸大臣三木《みき》武夫《たけお》は、長崎惣之助の後任は国鉄外部から登用することを考えていました。しかし意中の財界人にことごとく断られたため、仕方なしに十河に白羽の矢が立ったという経緯がありました[4]。三木は、十河について「三〇年間も鉄道を離れていたのだから世間一般でいう部内者ではない」と強弁しましたが、「苦しい答え」だったことは否めません[5]。たしかに十河は鉄道省の経理局長まで務めた人物ではあり国鉄関係者であることには違いありませんが、在職していたのは関東大震災後までのことで、その後は長らく国鉄を離れていました。そしてその後、右に引用した「天声人語」にいうとおり満鉄の理事を一時務めており、満州事変の折には関東軍の独断専行を支持したとも言われる人物です。いずれにせよ、こうした言わば過去の人物を引っ張りださなくてはならないほどに国鉄は追い詰められたというのが、当時の大方の受け止め方でした。

十河信二　国立国会図書館「近代日本人の肖像」

十河は総裁就任翌年の一九五六年四月、そ

島秀雄（右）と十河信二　菅野泰男氏所蔵

れまで国鉄「本庁」と呼ばれていたものを「本社」と改称することで、お役所意識の払拭を図りました。さらに支社制を採用し、全国を六地区（のちに九地区）に分け、大幅に権限を委譲して、経営目標を設定するなど、企業的な要素を取り入れようとしました。[6]

総裁就任に際して十河は、運輸大臣に対し国鉄の経営自主性の確立を求めていました。[7]それを受けて後に政府は国鉄の経営方針の決定権を経営委員会から理事会に移すなどの措置をとりました。それまでは、最高意思決定機関として経営委員会（発足当初は監理委員会）があり、総裁以下の業務運営を指導統制する建前となっていましたが、実際には有名無実化していました。そこで、総裁を含む理事会を最高位の決定機関とし、総裁の位置づけを強化しようとしたのです。[8]しかし、こうした機構改編を行ったところで、人事や予算といった基本的な事柄を独自に決められないのでは「経営ごっこ」に終わってしまうことは自明のことでした。結局、十河が求めていた国鉄の自主性の確立は、およそ中途半端な形でしか実現しませんでした。

しかしそれでも十河は、自らの力の及ぶ範囲では次々とあらたな施策を打ち出しました。その一つが、相次ぐ大事故を受けて就任した十河自身にとっても大きな課題であった安全性の向上です。そのために不可欠だった技術の刷新に取り組ませるため、十河は桜木町事故を機に国鉄を去っていた島秀雄《しまひでお》を技師長として呼び戻します。

島は大正時代に広軌改築政策を推し進めた島安次郎の息子です。島安次郎はかつて政友会政権のときに広軌改築打ち切りの決裁書類に捺印を拒否して国鉄を去りましたが[9]、秀雄も大学卒業後、鉄道省に入り、車両技術者として多くの蒸気機関車に携わりました。日本の代表的なＳＬとされる「デゴイチ」ことＤ51形機関車も、彼が中心となって開発されたものです。さらに戦時体制下の弾丸列車計画においても車両設計に携わりました。こうした人物をわざわざ外部から呼び戻したところにも、十河の意図が読み取れます。

動力近代化と新型車両の開発

技術刷新を推し進めるために、それまで浜松町にあった鉄道技術研究所を国立《くにたち》に移し、巨費を投じて本格的な研究拠点として整備します。

そこで取り組まれるべき中心的な課題の一つが、電化でした[10]。十河が総裁に就任する前から国鉄は電化に取り組んでおり、昭和二〇年代には当時不足していた石炭を補うことも、その動機となりました。そして時が下るにつれ、その主な目的はスピードアップや輸送力の向上へと次第にシフトしていましたが、大規模な電化計画が立てられたものの、その実施は棚上げされた状態となっていました。

一九五〇年代の国鉄が特に力を入れて研究したのは、交流電化でした。当時、それまでの世界の鉄道においては直流電源を用いた直流電化が主流でした。直流方式では送電距離が長くなると電圧が低下するので、一定の距離ごとに変電所を設置する必要があります。長距離になると多数の変電所が必要となって、コストがかさんでいきます。それに対して交流方式では変電所の間隔を長くとることができるうえ、高速で列車を走らせるために必要な大量の電流を高圧で流すのにも、交流のほうが効率的でした[11]。まずは仙台と山形を結ぶ仙山線で実用化にこぎつけた国鉄は、その後、東北、北陸、九州、北海道など、それまで電化がほとんど進んでいなかった地域を中心に、導入を進めていきました。

こうした改良事業を長期的に進めるため、電化の推進や主要幹線の複線化、老朽施設の取り換えなどを進める長期計画「第一次五ヵ年計画」が一九五七年四月から開始されました。以降、国鉄は三次にわたる長期計画を立案・実行していくことになります。いずれの計画も、労賃や資材、用地買収費の急騰などにより巨額の投資が求められることになり、国鉄は財政悪化に苦しめられることになりました。しかしこれら長期計画によって、設備や車両の近代化が進んだことも確かです。

一等車の消滅

国鉄が取り組んだ技術刷新は電化だけではありません。非電化のままとされた区間においても、蒸気機関からディーゼル機関への転換が進められます。これを国鉄では「動力近代化」と称しました。一九五八年には国鉄動力近代化委員会が、一九七五年までに蒸気機関車を全廃する方針を打ち出しました。そしてそれはほぼ予定どおりに実施されることになります。

動力近代化を進めるためには、新たな車両がたくさん必要となります。そこで国鉄では、新型車両を開発するための部署として、臨時車両設計事務所を一九五七年二月に立ち上げました。本来、車両の設計は本社の客貨車課や動力車課で行うものでしたが、本社の職員を増やすことが難しいという当時の政治的な事情から、臨時車両設計事務所は組織的には本社の外に設置されました。「臨車」とも通称されたこの部署には、多くの技術者が集められ、次々と新しい車両が開発されました。[12]

なかでも一九五八年に登場した二〇系客車は、冷暖房完備の寝台車中心の固定編成「ブルートレイン」として、大いに注目を浴びます。東京と博多を結ぶ寝台特急「あさかぜ」にはじめて投入されましたが、登場当時は「走るホテル」とも称されました。現代の感覚からすると、寝返りも打てない横幅五二センチメートル、しかも三段式の寝台（後継の車両では横幅七〇センチメートル）がずらっと並ぶ車内の光景はまるで蚕棚のように見えてしまい、ずいぶんと誇大な表現のような印象を受けます。しかし、当時の夜行列車の車両は、硬いボックスシートの座席車が大半で、寝台車ですら冷房がついていないことが普通でした。そこに登場した、冷暖房完備の寝台車を中心に構成された青い列車は、群を抜く存在でした。

「こだま」151系電車 通過駅の川崎駅にて。菅野泰男氏所蔵

二〇系客車のほか、「ビジネス特急」と称して「こだま」に投入された一五一系電車など、国鉄時代の後半を彩る電車やディーゼルカーが、この時期から次々と全国に投入さ

れていきました。動力近代化の推進で蒸気機関車が消えていき、新しい電車や気動車による列車のスピードアップや車両設備の向上によって、国鉄は面目を一新しました。しかしそれよりもはるかに重要な事実は、石炭を使わないことによる燃料費の減少、車両基地の整理、車両や要員運用の効率化が実現し、経営合理化を可能とする条件が整ったということです。あらたな列車の登場は、後の時期に労働問題が激化することと表裏一体の出来事であったということができるでしょう。

新型車両とあわせてサービス面でも大きな画期となったのが、一九六〇年の二等級制の導入です。明治時代以来、国鉄は一等、二等、三等の三等級制を採用していました。それをあらためて、一等は廃止し、それまでの二等を一等、三等を二等にそれぞれ繰り上げる形で、二等級に整理したのです。

ただし、すでに大正時代の原敬内閣の時期に、乗客の大半を占める三等旅客へのサービス改善と同時に、一等車は大幅に縮小されてはいました。以降は、東海道や山陽線といった主要幹線の優等列車に連結された展望車や寝台車にほぼ限定されており、実際のところほとんどの列車では二等が最高グレードであったので、実質的には二等と三等の二等級制に近い状態になっていました。現在の国際線航空機でもファーストクラスが設定されているのは稀で、実際のところはビジネスとエコノミークラスという二等級制が主流（近年はプレミアムエコノミーが出現し、再び三等級化しているが）となっているのに近いかもしれません。

その後一九六九年には等級制が廃止され（モノクラス制）、それまでの二等車は「普通車」、一等車は「グリーン車」となって、現在に至っています。

全国通信回線網

技術の改良は、車両関係にとどまるものではありません。繰り返しになりますが、国鉄は北海道から九州にわたる広大な地域に数十万人の要員を擁していました。その巨大な組織をスムーズに運営するにあたっては、情報共有や意思疎通を担う通信がきわめて重要になります。この通信網の技術改革も大きく進められました。

明治時代から鉄道を運行するための各種の連絡や指令のために電信や電話が使われていました。と

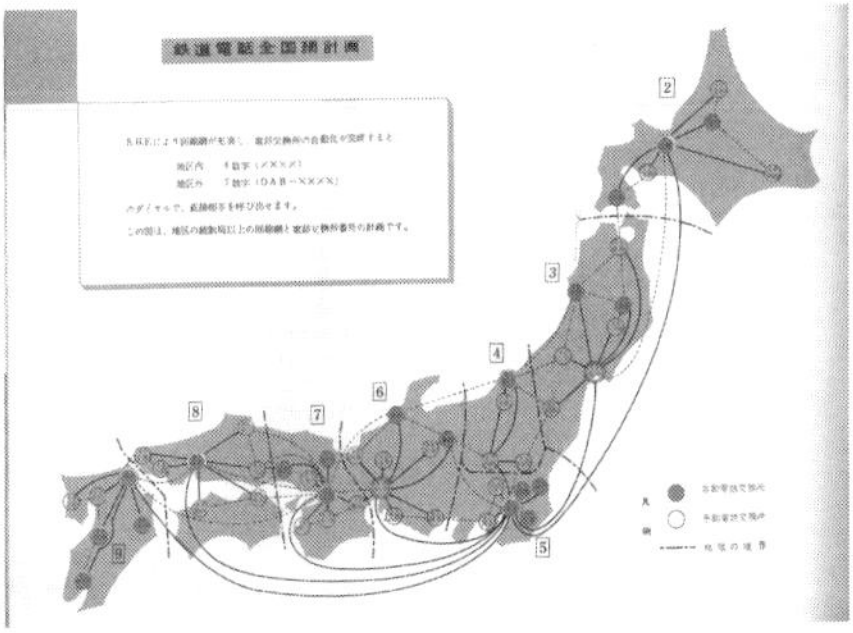

S.H.Fによる鉄道電話全国網計画　『S.H.F工事完成記念』パンフレット、1960年９月。菅野泰男氏所蔵

東京鉄道管理局運転指令室の様子　撮影年不詳。菅野泰男氏所蔵

りわけ国鉄では「鉄道電話」と呼ばれる独自の電話回線網が構築されていました。しかし、当時の電話というものは、いまのように世界のどこへでもすぐに通話ができるというわけではありません。長距離の場合は回線をつないで通話ができるようになるまでにはかなりの時間がかかるものでした。即時通話ができなかったというのは鉄道電話に限ったことではないのですが、二四時間休みなく動き続ける鉄道の場合、より切実な問題でした。

輸送量が増えるにつれて通信量も増えるので、一九五〇年代の国鉄では電話回線が逼迫し、なかなかつながらないという状況が常態化していました。そこで国鉄は、S・H・Fと呼ばれるマイクロ波無線回線網を導入し全国の支社や鉄道管理局を結ぶ事業を、一九五七年に始めます。[13] 一九六〇年には、北海道から東京・大阪を経て九州に至る幹線ネットワークをつなげ、[14] 翌一九六一年には、自動交換機による全国ダイヤル即時通話が可能な通信網を完成させました。

こうして国鉄の鉄道電話では、稚内《わっかない》から西鹿児島といった長距離でも、ダイヤルを回せばすぐに通話できるようになりました。そして、この回線網がもたらすメリットは電話での通話だけにとどまるものではありません。回線を通じてデータのやりとりもできるようになったのです。たとえば国鉄のオンライン座席指定システムとして知られる「マルス」も、通信回線網の充実を背景として登場しました。そのほか、信号やポイントを指令所から遠隔制御する列車集中制御装置（ＣＴＣ）など、マルス以外にも通信インフラの充実を基礎としたシステムが次々と導入されていきました。

「マルス」と「みどりの窓口」

いま述べた「マルス」は、世界初のオンラインによる列車座席予約システムとしてよく知られています。この開発が必要とされたのは、昭和三〇年代に動力近代化によって特急・急行が増発されたことで、取り扱われる指定席の座席数が急増していたことが背景にありました。

当時の国鉄は、指定席の予約を扱うために国鉄は全国数ヵ所に乗車券センターを設置し、専従の係

乗車券センターの指定席台帳回転テーブル　菅野泰男氏所蔵

初期のマルス端末　菅野泰男氏所蔵

員を置いて処理していました。乗車券センターでの予約の処理の仕方というのは、回転台に置かれた予約台帳を係員が取り出して記帳していくというものです。秒速一メートルで回転し続ける台から該当の列車の台帳をさっと抜き出すのは、まさに熟練の技でしたが、人の手で処理できる数はたかが知れています。窓口に並んだ乗客が切符を手にするのに、数時間、場合によっては半日といった長時間を要することも少なくありませんでした。[15]

そこで鉄道技術研究所が中心となって、オンラインによる列車座席指定予約システムが開発されました。システムの中枢を担う電子計算機は日立製作所が担当し、「マルス」と呼ばれる座席予約システムが完成しました。マルスは改良を重ねつつ、現在でもＪＲの座席予約システムとして活躍していることはよく知られています。

オンラインによる予約システム自体は、マルスが世界初というわけではありません。アメリカン航空はすでに一九五〇年代から座席予約システムを実用化していました。ただ、航空会社の予約システムと鉄道の座席予約システムは、基本的な設計思想に大きな違いがあります。[16] 飛行機の場合は、フライトの各区間の座席定員を割り振る、つまり旅客機という大きな袋ごとに把握する、という考え方に対して、列車の場合は、途中の乗り降りが頻繁なこともあり、座席ごとに把握する必要があります。それだけ列車の座席予約はより精緻なシステムが必要だったのです。現在でも、飛行機では便の予約はできても座席の指定はできない場合があるのに対して、新幹線は列車の予約はとれたが座席の指定はできていない、ということはありません。

一九六〇年一月に稼働開始したころの初期のマルスの能力は、非常に限られたものでした。当初はごく一部の列車のデータしかマルスに収容できなかったのです。その後、改良型が開発されて能力が大幅に向上していきますが、一九六四年に開業した東海道新幹線は、当初はマルスには収容できず、従来の予約台帳に記入するという方式で対処せざるを得ませんでした。

翌年からは、新幹線の座席のデータもマルスに収容できるようになり、マルスによる座席指定の範囲は広がることになりました。ところが、指定券を買う客は一部の駅に利用が集中する上に、端末を操作する係員が必ずしも操作に習熟していないことも多く、利用者の不満は高まっていました。そこでマルスの端末を置くだけでなく、習熟した係員を配置し、スムーズに指定券を買えるようにするため、一九六五年九月に全国の主要駅などに指定席専用窓口として設けられたのが「みどりの窓口」でした。当初、指定席専門のエリート窓口という位置づけではじまったみどりの窓口でしたが、次第にマルス端末を置いた窓口という位置づけで定着していきます。当時、大きな国鉄駅では、方面別に出札窓口が分かれていました。国鉄末期、印刷発行機とマルスが長距離窓口に常置されるようになると、みどりの窓口は、ほぼ長距離窓口と同義になっていくことになりました。

2 「改主建従」の夢

後藤新平によって形作られた「原型」

十河が国鉄総裁としてもっとも力を入れて取り組んだのが、新幹線の建設でした。かつて若き日の十河を引き立てたのは鉄道院総裁であった後藤新平ですが、後藤が国鉄の広軌化に取り組んでいたことは先に触れました。

一八八四年、愛媛県新居浜《にいはま》に生まれた十河信二は、一九〇九年に東京帝国大学を卒業しましたが、当初は農商務省に入る腹づもりでした。ところが、ひょんなことから鉄道院総裁後藤新平と面会する機会を得ます。そこで後藤から「国民大衆に直接密接な関係のある官庁は農商務省より鉄道院だ」と言われ、鉄道院に入ることを決意します。[17]

初代鉄道院総裁となった後藤は、巨大組織となった国鉄を運営していくために、有望な法学士を鉄道院にスカウトする必要を痛感していました。[18]そのため、この年は鉄道院として初めてプロパーの法学士を採用することにしていたのです。後藤としては、一七私鉄+官設鉄道という、規模も来歴もそれぞれ異なる寄り合い所帯を解消し、統制のとれた国鉄をつくり上げるための基幹要員として鉄道院プロパー一期生に期待し、自らの手で育て上げようとしていました。[19]十河は後藤のお眼鏡にかなった人物だったわけです。

ところが上司との折り合いが悪い十河は、まともに仕事がさせてもらえません。そこで総裁である後藤に直接不満を訴えたところ、「労働問題が将来大きな問題になる」として、その研究を直々に命じられます。[20]こうして十河は労働問題、とりわけ職員給与と厚生福利問題に取り組むようになりました。十河にとって後藤新平は、恩師というより生涯のすべての行動の「原型」を形づくる存在となったのです。[21]

後藤新平と言えば、「改主建従」政策を推進した広軌改築論者でした（第一部第二章）。十河が技師長として外部から呼び戻した島秀雄の父親は、後藤のもとで広軌改築政策を推し進めた島安次郎です。[22]十河は、この島安次郎から広軌の必要性を叩き込まれたと言います。[23]十河にとって広軌改築は、後藤や島の〝弔合戦[24]〟でもあったのです。後藤が進めた広軌改築論は、政友会が政権を握る中で立ち消えていきましたが、戦時体制期に具体化した弾丸列車計画など、広軌鉄道論はその後も生き続けます。

広軌で高速列車を走らせる！

東海道新幹線建設の直接のきっかけは、東海道本線の輸送量が年々増え続け、このままでは遠からず東京・大阪間の輸送力がパンクしてしまうことが明らかになってきたことでした。

そこで国鉄当局は、東海道線に線路を増設することで輸送力を増強することを構想しました。当初は、既存の東海道本線に従来どおりの狭軌で別線を増設するという方式が考えられていました。全体が完成しないうちから、一部区間だけでも整備された区間から順次列車を通すことができるのですから、この案自体は十分に合理的だったと言えます。

しかし十河は、広軌（標準軌）で高速で走行する路線を、在来線とはまったく別に建設するという考えを持っていました。そこで総裁就任後間もなく、東海道に広軌で高速の新線を建設するプランを国鉄内部で諮ったのです。しかし、十河のこの構想には多くの国鉄人が否定的でした。副総裁であった天坊裕彦《てんぼうひろひこ》は表立っては反対しないものの「そういうものは老人の夢だ。忙がしいときにそんなことをするのはむだ骨」といってまともに取り合いません。[25]頭の中が戦前のままの爺さんが、時代錯誤な夢を追い求めていると見られていたのです。

そのとき技師長であった藤井松太郎も、莫大な資金のかかる広軌新幹線建設には否定的だったといいます。[26] 当時の国鉄は一応黒字でしたが、財政状況はけっして良いものではありませんでした。また、後で触れるように、政治家たちが地方新線の建設を強く求めていたという状況からすると、藤井の考え方のほうが「現実的で妥当」なものでした。[27] しかし十河は、これらの「現実的で妥当」な考え方を退けます。そのため藤井を更迭し、島秀雄を再び技師長として呼び戻したことは、先に見たとおりです。

島の考えでは、輸送力が限界に達した区間から少しずつ別線を増やしていくという案は一見すると効率がよさそうだが、在来線にはたくさんの途中駅があることを考慮すると、駅の配線や用地取得などに手間がかかるので、かえって効率が悪くなってしまうと考えていました。そこで、思い切ってまったく新しい別線を敷くべきだと主張したのです。[28]

広軌別線を新たに建設するという考えは十河と島とで共通していましたが、十河がイメージしていたのが戦前の満鉄の特急あじあ号や国鉄の弾丸列車のような機関車が客車を牽引する列車であったのに対し、島が思い描いていたのは、新たに作る広軌別線で電車による高速運転を行うということでした。島は戦中以来の技術開発の積み重ねをふまえて電車による高速鉄道を構想したのです。十河はこうした具体的なイメージを持っていたわけではありませんが、別線をつくるのであれば広軌の高速鉄道にすべきということは確信していました。

とは言え島は、こうした革新的な構想を拙速に打ち出したわけではありません。需要が多い↓線増が必要↓一挙に建設するのが合理的↓新線に特急・急行を集約↓最新技術の列車を走らせる↓広軌の高速列車を走らせる、という形で徐々に順を追って新幹線構想を提案していったのです。[29]

内外で強かった反対の声

広軌別線による新幹線構想は、十河や島といったごく一部を除けば、国鉄幹部の多くが反対もしくは消極的でした。藤井松太郎や磯崎叡といった幹部クラスだけでなく、国鉄部内でも良心的だとされる多くの人々が反対を唱えていたともいいます。

国鉄の外に出るともっと大変です。この時期すでに名神高速道路や東名自動車道をはじめとする高速道路の建設計画が具体化していました。高速道路が開通すれば、長距離輸送もそれに移行するので、新幹線などは不要という議論もなされていました。[30]後から考えると高速道路の役割を過大評価していたわけですが、当時は鉄道＝前世紀の遺物、高速道路＝未来の交通手段というイメージで見られていたのです。

新幹線の建設計画が発表されると、作家阿川弘之《あがわひろゆき》は新幹線のことを、ピラミッド、万里の長城、戦艦大和と並ぶ「世界の三バカ」としてこき下ろします。[31]阿川は、大の鉄道好きとして知られていましたが、それだけに戦前の満鉄あじあ号や弾丸列車を想起して、新幹線が時代錯誤な代物に見えたのでしょう。

こうした内外の反対の声を見据えながら、十河は慎重に順を踏んで新幹線建設をオフィシャライズしていきました。[32]

第一段階　国鉄内の意思統一：東海道線増強調査会
第二段階　運輸省の合意形成：幹線調査会
第三段階　政府による意思決定：交通関係閣僚会議
第四段階　国会による予算承認：本会議での議決[33]

最初は国鉄内部、次に運輸省、政府全体、最終的に予算を決める国会という四つのステップを経て、実現まで持っていったのです。交通関係閣僚会議で新幹線の建設が決まった一九五八年一二月一二日の夕方、十河は青山墓地を訪れ、広軌化を果たせなかった後藤新平と、その後を継いで広軌計画を推進した鉄道院総裁（後に鉄道大臣）仙石貢《せんごくみつぐ》の墓前で報告しました。[34]国鉄のあり方を追求した後藤新平の霊魂を背負って登場したような十河が、戦前から引き継がれてきた課題に挑むという形で実現にこぎつけたのです。

枯れた技術の巧みな集積

合意を積み重ねていく過程は慎重なものでしたが、建設は急ピッチで進められました。一九五九年四月に工事がはじめられ、早くも一九六四年一〇月に東海道新幹線が開業しています。全長五〇〇キロ以上におよぶ高規格の高速鉄道を、わずか五年半で完成させたのです。近年の中国の高速鉄道はこれを上まわるペースで建設されていますが、人口密度が高く、複雑な地形が続く日本、とりわけ東海道エリアということを考えると、いまみても相当に早いペースだと言えます。

時速二〇〇キロメートルというそれまでの常識を破る高速で走行し、「夢の超特急」と呼ばれた新幹線は、先端技術の粋を集めて実現したように思われるところです。しかし、技師長であった島秀雄は、新幹線は「技術的に新奇をてらったものでなく、根本的にはウエル・プルーブド・テクニークの巧みな集積」[35]だったと言います。つまり、技術的な面では、既存の実績や経験を積み重ねた実に手堅い開発だったのです。一九五七年五月三〇日、鉄道技術研究所は創立五〇周年を記念して、銀座ヤマハホールで「東京―大阪間　3時間への可能性」と題する講演会を行っています。このとき、技術的には時速二〇〇キロメートル以上の高速鉄道は十分に実現可能となっていることが、世間に向けて大いにアピールされていました。

先にも触れましたが、東京・大阪間を結ぶ高速鉄道の計画が具体化したのは新幹線が初めてではなく、かつて東京・大阪・下関間を広軌（標準軌）別線で建設し、最高速度二〇〇キロメートルで結ぶ「弾丸列車計画」が計画され、実際に工事も始まっていました。そもそも「弾丸列車」というのは当時の新聞などでの呼称であり、鉄道省内での正式名称は「新幹線」でした。もちろん、戦後の新幹線が弾丸列車計画をそのまま踏襲したというわけではありませんが、依拠すべき基礎が残されていたことが、計画開始からわずか五年程度で完成にこぎつけることができた、その大きな要因となったのは明らかです[36]。

たとえば、東京・大阪間のルートのかなりの部分は、すでに弾丸列車計画の際に設定されていました。東海道新幹線ではこれを基に改良を加えていったのです。さらに弾丸列車計画では、いくつかのトンネルで実際に建設工事も始められていました。東山と日本坂トンネルは完成していましたし、新

試験中の新幹線車両　1962年６月26日、鴨宮基地のA編成1001番車両。菅野泰男氏所蔵

丹那トンネルは途中で工事は中断されたものの、その後も維持管理が続けられていました。[37]

もちろん、新幹線は弾丸列車とは異なるところもありました。いちばん大きな違いは、機関車で牽引するのではなく、時速二〇〇キロメートル以上の速度で走る電車を採用したことです。とは言え、電車による高速運転ということ自体も、戦前から戦後にかけて蓄積してきた技術が基礎になって実現したものでした。国鉄は戦時中から、いずれは電車中心の鉄道にしていくべく基礎研究を続けていました。[38]その延長上で、昭和二〇年代の湘南電車用八〇系電車、三〇年代の特急こだま用一五一系電車など動力分散方式で高速を発揮する車両を開発していきます。私鉄においても、湘南電車や小田急などで徐々に動力分散方式による長距離高速運行が始められていました。また、高速走行をする上で欠かせない交流電化も国内で自主開発されていました。

そうした技術的蓄積に加えて、かつて陸軍や海軍で航空機の開発に携わっていた技術者たちを大量に鉄道技術研究所に迎え入れたことも、新幹線の開発に大きく寄与しました。戦時中の旧軍は、時速数百キロメートルで飛行する航空機の技術を追い求めており、その蓄積が戦後になって鉄道の開発に生かされることになりました。たとえば、国鉄が鉄道の高速化を進める過程で車体が振動するという現象が問題となりましたが、この課題はかつて零式艦上戦闘機（ゼロ戦）を開発する時に問題となった高速発揮時の蛇行動現象と同じ要因で起こったものでした。[39]

新幹線の功罪

社内外での慎重な調整と、既存技術を生かした急速な技術開発とが実を結び、一九六四年一〇月一日に東海道新幹線が開業しました。在来線とはまったく独立したクローズドなシステム[40]をもつ、その名にふさわしい新時代の幹線を担う高速鉄道の誕生です。

さて、国鉄という組織にとっての新幹線の功績は、職員たちが思い描く「あるべき鉄道」のイメージを、革命的に更新したことでした。

かねてより十河は、国鉄を安全に運営していくためには従業員の団結がもっとも重要だと考えていました。彼の頭にあったのは、やはり後藤新平の国鉄大家族主義です。[41]家族たる従業員の士気を向上させ、精神的な求心力を高めるためには、あるべき鉄道の具体的なビジョンを示す必要があったのです。十河は、新幹線計画が具体化するようになったころ、全国各地の駅や機関区などの現場を回って、現業従業員に対して「広軌新幹線は国鉄の光明だ。光明のないところに事故は起きる」と直接語りかけて、新幹線の実現を訴えました。現場を訪れて直接訴えかけるという手法は、鉄道院総裁時代の後藤新平を想起させます。[42]戦前に構築されていて戦後は不安定になってしまっていた国鉄従業員の家族的一体感を再構築しようとする十河にとって、新幹線はそのためのツールでもあったのです。

国鉄大家族意識の再生に成功したとまで言えるかどうか、その評価は定かならぬところがあります。いずれにせよ、国鉄従業員の一体感の構築という課題は、その後の総裁に持ち越されることになりました。すでに前章でも述べたとおり、新幹線建設に邁進した十河は開通を見る前に、総裁の席を追われることになったのです。新幹線の建設に費やされた莫大な建設費が、十河に引導を渡すこととなりました。

新幹線計画が承認される直前の一九五七年、国鉄の新幹線調査室がはじき出した建設費の総額は三〇〇〇億円を軽く超えていました。しかしそれでは国会で予算が通る見込みがないと判断した十河は、約半分の一七二五億円まで試算を削らせて、国会に提出して承認を得ました。新幹線建設費は「十河の壮大な〝ウソ〟」から始まっていたのです。[43] また、昭和三〇年代当時は高度成長期に入り、インフレ率は高水準で推移していました。最終的な総工費が当初の予算規模より膨れ上がるのは、ある程度は予見されたことでもありました。

一九六三年三月の国会で九五四億円の予算増額が認められましたが、それから一ヵ月もたたないうちにさらに八四七億円が不足しているということが明らかとなりました。なぜこうしたことが起こったのか、その経緯は現在でも判然としないところがありますが、政府はこの年に二期目の任期が切れる十河を再任しないことに決定します。

初代下山定則以来、任期途中での辞職が続いていた国鉄総裁ですが、ここでようやく任期いっぱいまで務めて退任した総裁が現れました。しかし十河は、悲願としていた新幹線の開業を見届けることなく、その座を去ることを余儀なくされたのです。当時、国鉄の諮問委員会のメンバーを務めていた松下幸之助《まつしたこうのすけ》は「国鉄総裁いうのは、大石良雄と同じ」「宿願達したら、たちまち切腹や」[44]と、忠臣蔵の大石内蔵助になぞらえて十河の運命を評しました。

きわめて短期間での完成が至上命令とされていたこともあり、東海道新幹線建設を担当する新幹線総局が、予算の算定から発注までほぼ独立して行っていました。その結果として予算管理が大雑把になってしまったことは確かです。[45] 大蔵省は、新幹線の建設費が当初の倍となったことについて、「国鉄に完全にだまされた」「国鉄は信頼できない」[46]と不信感を強めたといいます。このことは、一九七〇年代以降に国鉄の財政状況が悪化してから、大蔵省の国鉄に対する姿勢に影響を及ぼしたのかもしれません。

東海道新幹線開業　1964年10月1日、東京駅19番ホームでの出発式。テープを切るのは石田禮助。共同通信社

東海道新幹線が開業した一九六四年、国鉄の営業収支は赤字に転落し、その後ふたたび黒字となることはついにありませんでした。他方では、新幹線の建設を優先したことの副作用として、都市交通を含む在来線の改良が遅れがちとなったことは否めません。十河総裁のもとで実施された第二次五ヵ年計画では、新幹線の進捗率がほぼ一〇〇%だったのに対し、在来線のそれは約六割に過ぎませんでした。在

新幹線試運転に同乗する十河と石田　1964年8月24日。毎日新聞社

来線の改良が大きな課題として積み残される結果となったのです[47]。

ここまで見た新幹線が開通するまでのプロセスは、まさに破天荒な事業であったと言えます。十河をはじめとする関係者の強い意志と、慎重な合意形成に裏打ちされて実現されたことは確かです。しかし、後で詳しく述べるとおり鉄道建設審議会に諮らないまま建設を決定するとか、あえて想定より大幅に低い予算を提示して国会に承認させるといった、現在でいうコンプライアンスやデュープロセスなどをないがしろにする所業なしにできることではありませんでした。

それができたのは、十河という明治・大正以来さまよっていた亡霊のような人物をよみがえらせたからこそでしょう。先人から引き継いだ使命を実現するという強い意志に加えて、それを実現させるためのさまざまな「悪知恵」は、十河が長い経験の中で失敗を重ねる中で培ってきたものでした。そして、そうした「悪行」が露わとなったとき十河が潔く退くことができたのも、もはや後の人生のことを心配する必要がなかったからだとも言えます。「若い人」ではなく老人だからこそできることもあるわけです。

第五章　光と影の昭和四〇年代（—一九七五）

1　都市交通と国鉄の使命

赤字転落

石田禮助　1969年3月3日衆院予算委で国鉄問題について答弁する石田。後ろは福田赳夫蔵相（当時）。共同通信社

東海道新幹線の実現という偉業を成し遂げた一方で、まさに新幹線が開通した一九六四年に国鉄の収支は赤字に転落してしまいました。

そうした中で、十河に代わって総裁となったのが、石田禮助でした。東京高等商業学校（現・一橋大学）を卒業し三井物産に入った石田は、商社マンとしてのキャリアの大半を海外勤務で過ごしました。社長まで務めましたが、基本的に国鉄や鉄道とは関わりのない人生を送ってきたのです。ところが、一九五六年に国鉄監査委員長に就任したことが転機となりました。石田は当時、神奈川県の国府津に住んでいたのですが、近所に住む十河に就任を依頼されたそうです。その後石田は国鉄諮問委員会の委員も務めることとなり、十河総裁時代を通じて国鉄に深く関わっていくようになりました。

石田は十河の二つ年下だったので、ほぼ同世代の人物です。総裁になった時には、すでに七七歳になっていました。七一歳で総裁になった十河は、就任当初、時代錯誤の老人だとか骨董品などとさんざんこき下ろされましたが、それよりも歳を重ねて総裁となった石田は、意外にもそうした批判にはあまりさらされませんでした。海外勤務が長く、自らを「ヤングソルジャー」と称した石田は、同世代とはいっても「線路を枕に討ち死に」といった、いかにも時代がかったセリフを連発した十河とは、ずいぶんと違ったイメージで見られたのでした。その歳であえて総裁を引き受けたのも「パブリック・サービス」として世の中のために尽くすことで、「パスポート・フォア・ヘブン（天国への旅券）」を得るためだったと述べるなど[1]、コメントの中でもスマートさを見せつけました。

しかしながら、国鉄監査委員会の委員長だったとは言え、石田は国鉄の実際の業務に精通しているわけではありません。そこで十河総裁のもとで常務理事を務めた後に国鉄を退職していた磯崎叡が呼び戻されて、副総裁に就任します。そうして磯崎は、石田総裁時代を通じて実務をとり仕切ることとなりました。

「降りかかる火の粉」

総裁となった石田がまず直面したのは、在来線の近代化の遅れでした。すでに国鉄は、二次にわたって五ヵ年計画を立案、実施してきましたが、第一次は老朽施設の取り換え、第二次は新幹線に力を注いだために、基本的な幹線の電化や複線化や大都市の通勤通学輸送の改善などは、それほど進んでいなかったのです。特に東京の都市交通問題は深刻化していました。高度経済成長が進む中で、首都圏への人口集中が進み、混雑が激しくなっていたのです。

ラッシュアワーの新宿駅を視察する石田　1963年7月2日、ホームで田久篤次駅長から説明を聞いている。共同通信社

国鉄にとって都市交通問題とのかかわりの主な舞台は、何といっても東京とその周辺でした。大阪でも名古屋でも国鉄は都市交通のメインプレーヤーとは言えませんでした。しかし東京では、関東大震災後、郊外からの私鉄が山手線沿いの駅をターミナルとしたこともあって、郊外から都心部へ行くには国鉄（国電）を使わないとアクセスが困難な構造が出来上がっていたのです。言い換えれば、東京都内の各交通機関の中で国鉄の分担率が高くなっていきました。そしてこうした状況は、戦時体制期から戦後にかけていっそう強くなっていきます。昭和三〇年代に入ると山手線や京浜東北線、中央線といった、都心部に直接アクセスする国電に負担が集中し、まさに「殺人的」と形容するほかないような混雑が続くようになっていました。

こうした状況に対して何らかの手を打つことが必要なことは、誰の目にも明らかでした。しかし、国鉄の姿勢は決して積極的なものではありませんでした。日露戦争後に制定された鉄道国有法の趣旨に則り、鉄道敷設法で定められた全国的な鉄道ネットワークの運営を目的とするということ自体は、戦後公共企業体となってからも変わっていません。全国規模の基本的な交通ネットワークを担うのが使命であるという意識が、組織内に根強くあったのです。[2]

彼ら国鉄の人々にとっては、いかに大量の乗客が利用するといっても、東京の通勤通学輸送も所詮は一地方の輸送にしかすぎません。前章までに見たとおり、大正時代以降何度も東京における大規模な鉄道整備が行われましたが、そのたびに一地方の局地的な輸送に国鉄が本腰を入れて投資すべきなのかという疑義が示されてきました。だからこそ、関東大震災後の省線電車網の整備も全国規模の旅客貨物の結節点としての役割が強調されていましたし、十河信二総裁のもとで策定された第二次五ヵ年計画では、東海道新幹線の建設が優先され、通勤通学輸送への投資は相対的に小さなものになっていたのです。

石田も総裁就任当初は、国鉄の本来の使命ではないとして、都市交通の改善には消極的でした。しかし、この当時の東京における国電の混雑の状況は、そんな国鉄の建前を掲げることで無視できるような生易しいものではなくなっていたことは、すでに見たとおりです。新宿駅や上野駅といった東京の主要駅を視察し、朝の通勤ラッシュの惨状を目の当たりにした石田は、その考えを改めます。[3]「降りかかる火の粉は振り払わねばならない」と言って、大都市の通勤通学輸送の改善に力を入れることを決断しました。[4]

「五方面作戦」と「通勤電車タダ論」

折しも一九六四年、政府は総理府に「国鉄基本問題懇談会」を設置し、大規模な鉄道整備改良計画の検討に本腰を入れて取り組む姿勢を見せはじめました。[5]それまでの二次にわたる鉄道整備の長期計画はあくまでも国鉄独自のものでしたが、一九六五年から七ヵ年計画で始まった第三次長期計画は、政府が強く関与する形で策定されることとなったのです。

第一次五ヵ年計画が老朽設備・車両の更新、第二次五ヵ年期計画が東海道新幹線に重点を置いていたのに対し、第三次長期計画は在来線の本格的な近代化を目指しました。そうして策定された計画は、一九六五年から一九七一年度までの七ヵ年のあいだに三兆円近い巨額の投資を行い、「昭和初期以来の投資不足を取り戻し、旧来の単線蒸気鉄道から複線の電気鉄道に生れ変わるだけでなく、ほんとうに高能率な、近代化された企業に体質改善」[6]することを目指すということとなりました。つまり、在来線を新幹線のような高速かつ高度にシステム化された鉄道に生まれ変わらせることで、国鉄の経営体質自体も抜本的に改善することを狙ったのです。

総額三兆円というのは、第二次五ヵ年計画の二倍以上という、それまでにない破格な規模の投資でした。そして、大都市の通勤輸送について本格的に取り組むことが定められたのです。大都市交通への投資額は、第二次計画では全体に占める割合が五・八％だったのに対し、第三次計画では一挙に一七・五％と大幅に高まっています。[7]

その多くは、首都圏の鉄道網の整備に投入されました。目玉となったのは、東京を中心として三〇キロ圏内、放射状に延びる五方面（東海道、中央、東北、常磐、総武）の路線を大規模に改造する、いわゆる「東京五方面作戦」です。その内容はおおむね次のようなものでした。

東海道線：品鶴線を旅客化して品川に乗り入れ、そこから東京までの地下線を新設。横須賀線と線路を分離。
中央線：中野—三鷹間を高架複々線化。中野から地下鉄に乗り入れ。
東北線：赤羽《あかばね》—大宮間に複線を増設して三複線化。
常磐線：綾瀬《あやせ》—取手《とりで》間を複々線化し、綾瀬から地下鉄に乗り入れ、小田急と相互直通。
総武線：東京—両国に地下線を新設し、千葉まで複々線化。横須賀線と相互直通。[8]

東京を中心として放射状に抜本的に路線を改良する計画であり、東京の通勤路線をほとんど新たに作り直すといっても過言ではない規模の大改造です。新宿から中野区や杉並区の市街地を高架複々線で貫く中央線や、錦糸町《きんしちょう》から東京駅を経て品川駅までを地下線でつなぐ総武横須賀快速線などの巨大な土木構築物を整備するためには、莫大な資金が必要でした。

第三次長期計画は、それまでの国鉄独自の計画とは異なり、政府の計画の中に位置づけられたことは先に触れました。しかし、その実行のための資金が国庫から支給されるというわけではありません。国鉄側は政府も費用負担することを求めましたが、借金の利子を国庫から補給することまでしか受け入れられませんでした。[9] 結果として、この大規模な整備計画を実現するための費用は、基本的に国鉄が借金をすることで賄われることとなったのです。「国の政策に位置づけられる」と言えばもっともらしく聞こえますが、政府は財政的な負担をするわけではなく、国鉄にとっては制約や手続きが増えただけだったとも言えます。

一九六七年、副総裁であった磯崎叡は『文藝春秋』に「通勤電車タダ論」と題する論説を発表しました。この中では次のような主張が展開されています。

東北本線赤羽・大宮間の線増工事　『日本国有鉄道百年写真史』

通勤輸送は、短時間のピークに合わせて輸送力を整備しなければならない。従ってせっかく車両や設備を整備しても一日の大半の時間は無駄になる。大都市部の輸送力は、非常に金がかかるのに、定期運賃は、社会政策的配慮から大幅な割引を強いられている。少なくとも国鉄の経営からすると割に合わない。

特に国鉄が進めている五方面作戦では、五千八百億円の投資を予定しているが、その多くは高利の借金でまかなわれる。借金には利子が生じるが、首都圏の通勤通学定期からの収入は「利子の半分くらい」にしかならない。

「利子にも満たない定期運賃をたよりに五千八百億円もの借金で通勤投資をするよりは、政府の金で鉄道建設をした方が、日本のためにもなる。[10]」

磯崎の主張を一言でまとめると、通勤輸送整備のための資金は社会政策的な見地から政府が全額出資し、その代わり運賃は無料にしたほうが合理的だということです。国鉄に限らず鉄道会社は、普通運賃よりかなり割り引いた定期券を売っています。これは勤労者を保護したり、学生生徒の修学を補助したりといった社会政策的な意味も持っています。こうした社会政策的な負担は鉄道事業者に負わせるべきではなく、本来は公的に負担すべきという議論は根強くされています。[11]しかし、通勤通学輸送は時間帯による輸送量の増減が激しく、改善のために巨額の投資が必要です。それなのに定期券の割引率が高いということは、経営的観点からは投資効率がひどく悪いということになります。

国土全体の鉄道ネットワークの維持経営を第一義とする国鉄にとって、通勤輸送は本来の任務ではない上に、経営上は金がかかる割には収益が上がらないというわけで、端的に言ってしまえば「お荷物」でした。磯崎に言わせると、通勤輸送への投資は「国鉄にとっては大きな財政負担であるとともに、赤字要因の一つになった[12]」のです。国費を投入する代わりに運賃を無料にしたほうがましというのは必ずしも暴論ではなく、磯崎なりの真摯な問題提起であったと言えます。

旅客と貨物、表裏一体の計画

首都圏の路線の大改造は、かならずしも通勤輸送だけに裨益《ひえき》するものではありませんでした。貨物輸送という、もう一つの国鉄の主たる任務にも大きく関わるものであったことを見逃すことはできません。

当時の東京とその周辺では数多くの貨物列車が走っており、それが線路容量を逼迫させる大きな要因の一つとなっていました。そこで、東京の外縁部に大きな環状の路線、いわゆる東京外環状線を建設し、貨物列車はそちらに移されることとなります。たとえば、東海道方面から東北方面へと向かう貨物列車は、それまでは品鶴線から山手貨物線を経由していましたが、東京外環状線の一角を担う武蔵野線が完成すると、そちらを経由するようにしたのです。そうして貨物列車が減った品鶴線には横須賀線の電車を通せるようになりました。このように、五方面作戦は、通勤通学輸送の改善と貨物の輸送力増強とが表裏一体となった計画だったのです。

また、東京外環状線のような貨物路線の大幅な増強を行ったことは、国鉄が鉄道貨物の需要が今後も高く推移する見通しを持っていたことを示しています。これは、当時の状況に照らしてみると、かなり強気な姿勢だったと言えます。というのも、一九六〇年代の終わりまで鉄道貨物の輸送量自体は増えていましたが、自動車や船舶のほうが大幅な伸びを示していました。鉄道貨物の伸び率はそれらに比べるときわめて低く、貨物輸送全体におけるシェアは、年々低下していたのです。

当時常務理事であった仁杉巖は、磯崎副総裁に「貨物に対する投資だけは止めた方がいいのではないですか」と危惧を示しました。しかしこれに対し磯崎は、「旅客は黙っていても乗ってくれるものであり、貨物輸送の営業にこそ力を入れなければならない」[13]として、貨物輸送に対する大規模な投資

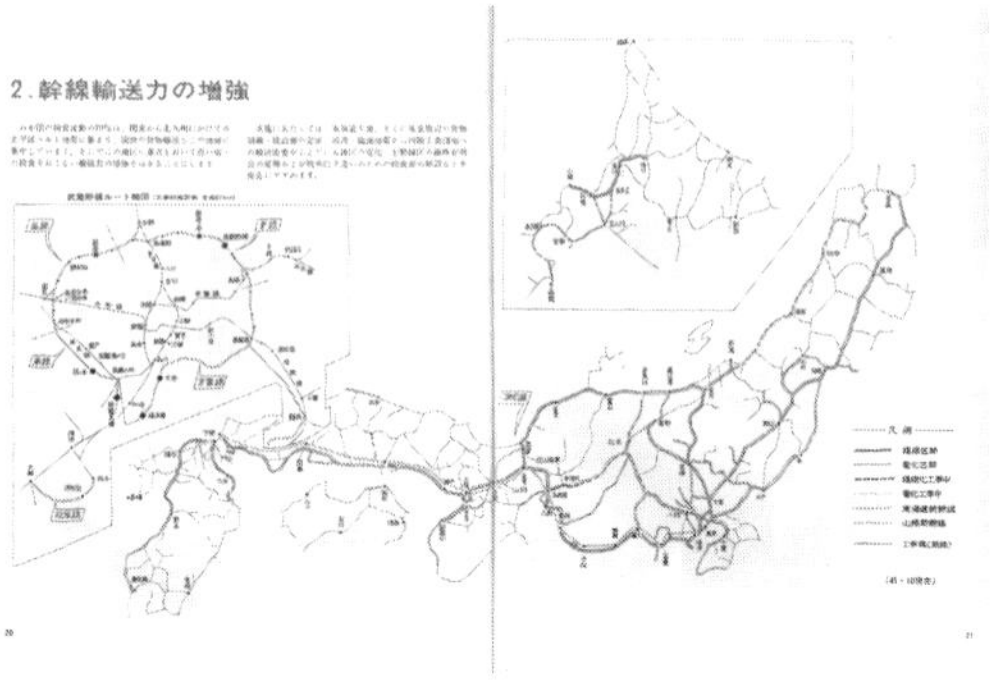

貨物輸送力の増強を掲げる国鉄発行のパンフレット
『'70年代の貨物輸送』、1970年10月。菅野泰男氏所蔵

を続けたのです。

磯崎にしてみれば、あくまでも国鉄の使命は「全国的に均整のとれた経済社会の発展に寄与」することです[14]。当時、政府は従来の全国総合計画に代わる新たな国土計画である第二次全国総合開発計画（新全総）を策定しつつありました。単に通勤輸送を増強するだけでなく、全国から首都圏に集散する貨物輸送の改善も一体として進めるという第三次長期計画の方針は、全国ネットワークを第一義とする国鉄らしさを出すとともに、新全総が目指していた「大都市集中を抑制し、国土の均衡ある発展をはかる」という方針に沿うものでもあったのです。

しかし、直接的には貨物への投資について疑問を呈した仁杉は、そもそも旅客も含めた第三次長期計画自体が、当時の国鉄にとって過大な投資だと考えていたと言います。「第三次長期計画の案をどんどん推し進めて、借金を重ねていったら、運賃を少しくらい値上げしたところで採算が合わないのではないか[15]」というのが、彼が本当に危惧したことだったのです。そして、都市交通改善のための巨額の投資こそが、国鉄財政破綻の最大の要因と仁杉は考えていました。

（国鉄財政破綻の）最大の原因は、第三次長期計画による既設線の輸送の隘路の解消、つまり輸送力増強工事のための借金である。輸送の隘路はそのほとんどが都市部にあり、そうなると田舎にローカル線を建設するよりも必然的に金がかかるからだ。[16]

ともあれ、五方面作戦を軸とする一連の大規模投資により、首都圏の国鉄の鉄道網は大きく生まれ変わりました。そのための投資が、国鉄財政に大きな影響を及ぼしたとしても、この時に整備された鉄道網が、分割民営化を経てＪＲとなってから今日に至るまで、首都圏の通勤通学輸送を支える基礎となったことは確かです。その意味では第三次長期計画の功績ははかりしれません。鉄道の整備は、必ずしも短期的な経済合理性だけで評価できるものではないのです。

2　効率化がもたらすもの

「ヨン・サン・トオ」改正

さて、第三次長期計画は、先に述べたとおり在来線の本格的な近代化を目指したものであり、改良の必要に迫られていたのは東京の都市交通に限ったことではありませんでした。十河総裁時代に新幹線建設に邁進した副作用として、全国の在来線の改良は遅々として進んでおらず、主要な幹線でも非電化・単線という区間が少なくなかったのです。

583系電車とD51形蒸気機関車 1968年。毎日新聞社

　そこで、第三次長期計画では電化・複線化に積極的に取り組むこととなりました。車両も蒸気機関車から電車やディーゼルカーに切り替えられていきます。そうした大規模な計画を実行に移すことができたのは、先に述べたとおり総額三兆円という破格の規模での投資があってのことでした。

　このような輸送体系の大幅な刷新の、いわば「中間決算」として行われたのが、一九六八年一〇月のダイヤ改正でした。「昭和四三年一〇月」という改正実施の年月から「ヨン・サン・トオ」と呼ばれることになったこのダイヤ改正では、全国の主要幹線に新型電車や気動車を大量に投入し、かつてない規模で特急・急行列車の増発や新設が行われました。

　従来の特急列車は、文字どおり「特別な」急行列車で、東海道本線、山陽本線、東北本線といった超重要路線にだけ走る象徴的な看板列車という位置づけでした。それが「ヨン・サン・トオ」では、それまで設定されていなかった路線にも特急が新設され、大幅に増発されたのです。直流区間と交流区間の両方を走ることができる四八五系や寝台電車五八三系[17]といった新型特急用電車が登場したのもこの改正でした。さらに特急列車の最高速度も時速一二〇キロメートルに引き上げられました。「ヨン・サン・トオ」は、全国の主要都市間を特急・急行列車で結ぶネットワークが姿を現したという点で、画期的な意義を持つものでした。そして同時に、国鉄が昭和三〇年代に蓄積してきた技術や経験の集大成と言えるものでした。

こうした、白紙改正とも言うべき大規模なダイヤ改正を実施するためには、たくさんの事項を調整しなければなりません。新しく列車を走らせるためには、本数や区間、時刻を決めなければならないのは言うまでもありませんが、その他にもホームは空いているかとか、要員は確保できるか、車両は確保できるか、接続列車をどのように設定するか、など膨大な調整作業が必要となります。[18]さらに細かいところでは「サボ」と呼ばれる列車に掲げる行先表示板（現在のようなデジタル化はされていません）の運用まで変わっていきます。ですから国鉄の大規模なダイヤ改正は、そうやすやすと実施できるものではないのです。全国から営業、運転といった各分野の担当者を集めて、泊まり込みで朝から晩まで綿密な協議をする必要がありました。[19]

「特別」ではなくなった特急

一九七〇年代にさしかかるころには、自動車や航空機といった交通機関が急速に台頭しました。激しい競争にさらされつつある国鉄は、さらにさまざまな模索を始めます。

一九七二年に山陽新幹線が岡山まで開業すると、岡山から先の長距離需要に応える特急、短距離需要に応える快速をそれぞれ、新幹線のダイヤに合わせて接続するように設定します。このように、新幹線を基幹として、それに接続する在来線を高速化することで、全体として有機的な高速交通網を構築する動きがはじまります。[20] 国鉄は、こうした新たな交通体系を、おおむね一九七九年ごろをめどに完成させることを目標としました。

この新たな交通体系は、日本列島における「一日行動圏」を大幅に拡大することを狙ったものでした。一九七二年に田中角栄《たなかかくえい》が発表した「日本列島改造論」をはじめとして、当時各所で検討が進められていた国土計画の動向を、国鉄なりに咀嚼して具体化したプランであったと言えるでしょう。

そうした方向性を象徴するのが、特急の大量増発、さらには「L特急」の登場です。それまでの特急は、全席指定で一日一本かせいぜい数本程度が走るというものでしたが、一九七二年一〇月のダイヤ改正で「数自慢　かっきり発車　自由席」を謳い文句に登場したL特急は、等間隔かつ高頻度の規格ダイヤで自由席も連結し、「気軽に乗れる列車」を謳いました。

その後、L特急は国鉄末期からJR初期にかけて全国の主要幹線で在来線の主役として活躍することとなります。また、列車体系の再編成は、列車種別の整理と単純化にもつながりました。かつて国鉄の優等列車は特急、急行、準急の三種類がありましたが、「ヨン・サン・トオ」で準急が廃止されており、一九七〇年代以降は多くの急行が次第に特急に統合されていくこととなります。

こうした取り組みと並行して、「座席車はリクライニングシートを基本」とすることや、「クレジットカードを改札機に差し込むだけで乗降できる」「完全自動の改札システム」[21]といった、従来の鉄道とは一線を画したサービスの検討も進められました。[22]

「五万人の合理化計画」

新型車両の投入によってスピードアップが実現することは、利用者にとって利便性が向上するだけではありません。国鉄経営層にとっては運転や保守にかかる要員も少なくて済むようになり、車両運用の効率化にもつながります。また、列車種別が整理されることによって、新たにつくる車両も基本的に特急用と一般用に集約できることになり[23]、その面でも効率化が実現することになります。

合理化反対を掲げた機関車　新鶴見機関区にて。菅野泰男氏所蔵

近代化は車両だけでなく切符の販売にも及びました。マルスという予約システムが開発されたことはすでに述べましたが、これと自動券売機や乗車券発行機などと連動させて、さらに効率的な総合販売システムの構築が進められました。切符を売るだけでなく、集計も自動化することで、大幅な合理化を図ろうとしたのです。そして、こうして各所で急速に進められた近代化・機械化は、人件費の削減と表裏一体のものでした[24]。

さかのぼって一九六七年三月にはすでに、国鉄当局は「五万人の合理化計画」を提案しています[25]。この計画は、蒸気機関車から電気機関車やディーゼル機関車への置き換え（「無煙化」）が進み、各種の保安装置の拡充が進んだことを受けて立案されたものでした。

蒸気機関車は頻繁に水や石炭の補給が必要ですから、数十キロごとに「機関区」を設けて、機関車を付け替える必要がありました。ところが、電車や電気機関車、ディーゼル機関車、気動車は、いずれも頻繁に車両を交代する必要はありません。たとえば東京・下関間といった長距離であっても、同じ電気機関車で直通することができるようになったのです。電化前には一四ヵ所あった同区間の車両基地は、電化後は六ヵ所に集約されました。[26]言わば革命的なレベルでの合理化が可能となったと言えます。

また、蒸気機関車を動かすためには、実際に運転を担当する機関士のほかに、石炭をくべるなどをする機関助士の存在が不可欠であり、機関士と機関助士による二人乗務が必須でした。ところが石炭をくべることが不要で、近代的な機構を備えた電気機関車やディーゼル機関車は、機関士一人でも問題なく動かすことができます。機関助士は必須ではなくなったのです。こうしたことを踏まえて国鉄当局は、「五万人の合理化計画」の目玉として、「機関助士」を廃止し、機関車に一人乗務制を導入することとしました。

この国鉄当局の動きに対して、労働組合側は強く反発します。[27]五万人を合理化するといっても、当時の国鉄当局は即首切りすることを考えていたわけではなく、動力近代化で生み出した要員は、「ヨン・サン・トオ」での列車増発など、新たに必要になる分野に転用して、総員を増やさずに捻出する方針でした。たしかに「合理化」には、そうした積極的な意味があったことは事実です。しかし、それでも現場とりわけ機関車関係要員には不安と動揺が広がりました。また、現場で働く人間にとっては、再教育や再配置などが大きな負担をともなうことも事実です。こうして、近代化と合理化は、のちに国鉄における労使問題が激化していく、遠因のひとつとなったのです。[28]

現場の抵抗と変貌

一人乗務制への移行は、機関士たちにとって自らの基盤を切り崩されかねない深刻な事態でした。とりわけ機関車乗務員によって構成される国鉄動力車労働組合、いわゆる動労（一九五九年に日本国有鉄道機関車労働組合［機労］から改称）は、組合員の減少に直結する機関車の乗務員削減は、組織の弱体化につながる大問題として受け止めました。以降、動労は国鉄内にある労組の中でも、ひときわ戦闘的な姿勢を強めることになります。[29]

一人乗務問題をめぐる組合側の合理化反対闘争は、激烈を極めました。[30]機関車に「一人乗務反対」「助士廃止粉砕」といったスローガンを掲げるとともに、安全確認などの規則を必要以上に細かく厳守することで運行を遅延させ、結果としてサボタージュに近い状態にする「順法闘争」と呼ばれる戦術を展開します。[31]

そうした激しい労使交渉を経て、最終的に一九六九年一一月には一応の妥結を見ることになりました。[32]しかし、その過程で、現場レベルでの労使交渉を認める現場協議制を導入するなど（一九六八年三月三一日、磯崎副総裁と国労三役の会談）、国鉄当局は組合側への譲歩を余儀なくされたのでした。

先にも触れましたが、蒸気機関車の運転は、技量と熟練がモノをいう世界でした。それが機関車乗務員のあいだで独特のヒエラルキーと秩序を形成していたわけです。ところが電車やディーゼルカーの登場は、先輩や現場長の権威を担保していた「技量と熟練の蓄積」の意義を弱め、彼らの地位は次第に低下していくこととなります。[33]動力近代化は、国鉄の業務や組織のあり方も大きく変えていったのでした。

近代化の波を受けたのは、運転士だけではありません。駅というもののあり方も大きく変わることとなりました。それまでの駅は、旅客も貨物も扱う営業上の拠点としての位置づけと、信号やポイントを扱う運転上の拠点としての役割を持っていました。しかし、信号やポイントを指令所から遠隔操作できる列車集中制御装置（ＣＴＣ）が導入されると、駅は運転の拠点としての役割を失うようになり、営業の拠点としての性格を強めていくことになります。そして、駅での信号やポイント操作の作業が必要なくなると、旅客の少ない駅は駅員そのものが不要とみなされることになります。こうして無人駅も増えていくようになりました。

3　「政治主導」の時代

地方八三線区の廃止勧告

「合理化」のメスは、大正時代以来の全国ネットワークという大前提にも及ぼうとしていました。

大正時代に制定された改正鉄道敷設法は、「帝国ニ必要ナル鉄道」（第一条）を「別表」という形で具体的に列挙しています。これだけを字義どおりに読めば、全国ネットワークを形成するためには、これだけの路線が必要だということと解釈できます。しかし同法には「一地方ノ交通ヲ目的トスルモノ」（第三条）という規定もあり、別表に列挙された予定線の中に地方のローカル線も数多く含まれていたことは、先にも見たとおりです。ともかくも、この鉄道敷設法別表に記載された路線を建設して運営するということが、国鉄の大きな使命とされていました。

とは言え、別表に記載された数多くの予定線を「いつ、どの順序で建設していくのか」までは、法律には書いてありません。それを決めるのは、戦前であれば鉄道会議、戦後は鉄道建設審議会の仕事でした。そして鉄道建設審議会において具体的な審議を行う小委員会の委員長は、自民党の政調会長が就任するのが慣例となっていきます。[34]

しかし、十河信二が総裁を務めていた時代は、東海道新幹線の建設に力を注いでいたため、地方ローカル線の建設は進みませんでした。当時の国鉄は、「一気にやれば三年でできるものを、一年に数キロずつしか工事を進めなかった[35]」と言われています。

田中角栄　政調会長時代。講談社

そもそも地方ローカル線は経営的に厳しい状況に置かれ続けていました。一九五三年には、国鉄は線区ごとに経営状況を把握して改善を進める取り組みに着手しましたが、その効果は限られたものでした。それでも昭和三〇年代＝一九六〇年代半ばまでの国鉄は、幹線などから得られる収益でこうしたローカル線の赤字をカバーできていました。

しかし、すでに述べたとおり、昭和三〇年代の終わりから国鉄の経営は赤字に転落します。一九六八年ごろから経営再建に本格的に取り組み始めた国鉄は、地方ローカル線問題にも手をつけざるを得なくなりました。

国鉄首脳陣は、これら赤字ローカル線について、「非常に抵抗が強くとも国鉄の守備範囲でないものは、ほかのプレーヤーにゆずる」（磯崎副総裁[36]）として、すみやかに廃止を進める意向をすでに固めていました。これを受ける形で一九六八年九月、総裁の諮問機関である国鉄諮問委員会は「ローカル線の輸送をいかにするか」という意見書を発表します。そこでは全長一〇〇キロ以内で「定期客の片道輸送量が三〇〇〇人以内」の路線は自動車のほうが有利であるとして、八三線区・二六〇〇キロの路線を名指しして、廃止を勧告したのです。その多くは、かつての炭鉱線や北海道や九州の人口過疎地域の路線でした。同意見書では、これらの路線を「社会的機能をすでに喪失した」と位置づけたのです[37]。こうして国鉄は、この八三線区の廃止に向けて動き出しました。

しかし、この国鉄の動きに対して、大きな障害が立ちはだかります。まず一つは、地元の反対がありました。この八三線区の多くは乗客も貨物もきわめて少なく、しかもたいていは行き止まりの「盲腸線」でした。しかしそれでも地元の人々は強硬な反対姿勢を示し、国鉄は対応に苦慮することになります。

そしてさらに、国鉄は政治家による抵抗にも直面することになりました。十河総裁の時代には、国会が承認した予算九五億円のうち三五億円を新幹線建設にまわすことさえ行っていましたが[38]、国会で決めたことを国鉄総裁が勝手に変えてしまうのは、政治家からすれば議会軽視もいいところです。こうした国鉄の姿勢を問題視したのが田中角栄でした。

田中は戦後に衆議院議員となってから郵政大臣、大蔵大臣などの要職を経験し、昭和三〇年代には自民党屈指の有力政治家となっていました。あらためて言うまでもなく、田中は都市と地方の格差を解消することを基本姿勢としていました。そうした田中にとって、地方の鉄道建設はきわめて重要な課題だったのです。一九六二年五月には、田中は自身が委員長を務める鉄道建設審議会小委員会で、地方の不均衡を是正するためには今後一〇年間でさらに約五〇〇〇億円の新線建設が必要である、との報告をさせています。[39]

只見線（福島県）**開通式での田中角栄**　1971年8月。『日本国有鉄道百年写真史』

田中角栄の「国鉄論」

ローカル線の建設と維持に消極的であった国鉄に対し田中は、「鉄道敷設法をもう一ぺん読む必要がある。あなた方は目先の現象だけにとらわれておって、鉄道敷設法が何で必要だったのか、どういう目的をもって成立したのか。国有鉄道法というものがなぜ必要なのかということを、もう一ぺん読んでくれ[40]」と言い放ちます。

しかしながら、田中の言に従って鉄道敷設法の条文を読み直してみても、それだけでは彼の意図を読み取ることは困難です。そこで、この問題に関する田中の見解をもう少し詳しく見てみましょう。一九七〇年代に入ってからのものですが、彼の国土開発に対する見解をまとめた『日本列島改造論』では、次のような主張がされています。

国鉄が赤字であったとしても、国鉄は採算とは別に大きな使命をもっている。(略)すべての鉄道が完全にもうかるならば、民間企業にまかせればよい。

つまり、国鉄の大きな役割は採算性にはない、というのが田中の主張です。

都市集中を認めてきた時代においては、赤字の地方線を撤去せよという議論は、一応、説得力があった。しかし工業再配置をつうじて全国総合開発を行なう時代の地方鉄道については、新しい角度から改めて評価しなおすべきである。北海道開拓の歴史が示したように鉄道が地域開発に果す先導的な役割はきわめて大きい。赤字線の撤去によって地域の産業が衰え、人口が都市に流出すれば過密、過疎は一段と激しくなり、その鉄道の赤字額をはるかに越える国家的な損失を招く恐れがある。[41]

産業基盤として地方の鉄道路線は必要であり、全国的な国土開発という観点からすれば個々の路線の赤字はとるに足らないというわけです。また、収支が引き合うのであれば民間企業に任せればよいというのが田中の立場でした。

では、赤字の鉄道はどのように維持していくべきなのか。それについての田中の考えは、一九六七年に鉄道の業界新聞である『交通新聞』において語られています。「運賃が自動的に上がって応分負担の原則を貫くか、政府が出してくれるか」の「どっちか」であり、いずれかを決めるのは「高度の政治判断」というものでした。もちろん田中も、「鉄道にほんとうに乗り手がなかったらそれを廃止すればいい」とは考えていました。しかし「国土全体にもっと平均に人を定着」させることが、その後の日本全体の発展のために優先課題と考えていた田中にとって、地方の鉄道は目先の採算に捉われずに積極的に整備すべきものであったのです。[42]

要は、鉄道敷設法別表に記載された予定線は国家にとって必要な鉄道網を定めたものであり、たとえその路線自体が赤字だとしても、国土全体の発展という点から見れば十分に意義があるというわけです。

とはいえ、当時の実態に目を向けると、地方ローカル線における貨物需要はごく一部を除いてほぼ消滅していました。かつては北海道や九州の路線が石炭運送を担っていましたが炭鉱の多くはすでに閉山しています。地方のローカル線は旅客だけを運ぶようになっており、田中の言うような産業基盤としての役割は喪失していました。

産業需要に替わってローカル線輸送の主役に躍り出てきたのが高校生です。高度成長期に高校への進学率が上昇しましたが、基本的に家に近いところに通う小学校や中学校と違い、高校は学力に応じて進学先を選択するため、家の近くにあるとは限りません。高校生は広域に通学することが多くなるのです。その結果、地方ローカル線全体の乗客が減っていく中で高校生の存在感は高まることとなりました。この後現在に至るまで、主な乗客は高校生というのが地方ローカル線の実態となりますが[43]、それは地域の教育基盤を底支えしていたという評価ができるでしょう。

鉄建公団の誕生

さて、ここまで見てきたとおり地方ローカル線は国家にとって必須のものと考えていた田中は、国鉄が新線を建設しないならば新線建設専門の組織を新たに立ち上げればよい、と考えました。こうして、田中の主導によって一九六四年に特殊法人として設立されたのが、日本鉄道建設公団（鉄建公団）です。この公団が新線を建設し、それを国鉄に譲渡や貸し付けをするという体制が作られたのです。

鉄建公団は次々とローカル線の建設を進めていきました。しかし、国鉄にとってみれば、建設費の負担こそ少なくなるものの、引き受けた新規の路線は基本的に赤字であり、公団が路線を建設すればするほど、国鉄の赤字額が膨らんでいくという構造が生まれました。

先ほど述べた、一九六八年に国鉄諮問委員会が赤字八三線区を廃止する方針を打ち出したのは、実はこうした構造がすでに出来あがっていた中でのことでした。鉄建公団がローカル線の新設を盛んに進めているというのですから、いくら赤字路線廃止の必要を訴えても、地元が聞く耳をもつはずはなかったのです。

さらに一九七二年二月、自民党総務会において、地方交通線の廃止は地元自治体の同意を必要とするという決議がなされます。廃止を提案されてすんなりと同意するという自治体はほぼなかったの

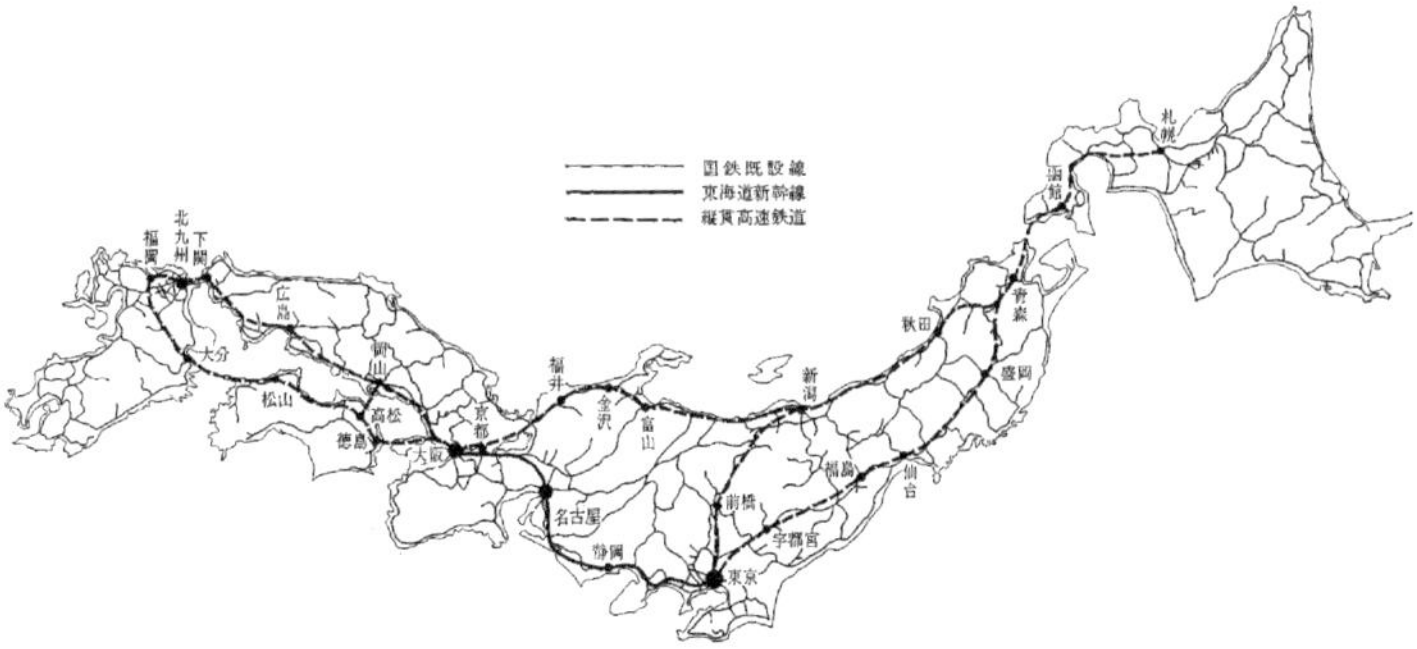

篠原武司の日本縦貫高速鉄道網構想　「新幹線方式」により「①北海道から本土を縦貫し九州に至る高速鉄道」「②裏縦貫高速鉄道」「③本土から四国を経て九州に至る高速鉄道」を建設するとしている。「第一に海峡克服の諸問題がある」と指摘もしている。「鉄道の現状と将来」『土木学会誌』（52-7、1967年）

で、廃止が進められようもありません。結局、赤字八三線のうち一一線区約一二〇キロを廃止したところで、打ちきりとなりました。こうして、赤字路線の問題は、国鉄の経営状況がさらに悪化する昭和五〇年代に持ち越されることになったのです。

新たな高速鉄道網のグランドデザイン

政治家の影響力が及んだのは、地方ローカル線の問題に限ったことではありませんでした。昭和四〇年代に大都市での過密化や公害問題が深刻化すると、政治家は都市問題に本格的に取り組むことを迫られるようになっていました。先に見た「五方面作戦」はそうした中で行われたことでした。

一九六七年三月、自民党は田中角栄を会長として都市政策調査会を発足させ、悪化する都市問題への対応策を検討することにしました。田中は、過密化する大都市問題を解決するためには、地方の開発を進めて分散化を図るべきだと考えていました。[44] しかし、目指すべき方向性こそはっきりしていたとは言え、いかにして都市と地方を一体的に開発していくのか、この時点で具体的な構想があったわけではありません。そこで都市政策調査会では、各界のさまざまな識者を呼んで報告をさせました。そうして、大都市の分散化と地方の開発を同時に進めていくためには、人やモノの流れをいっそう円滑にしていくことが大きなカギとなるという認識が生まれます。

ちょうどこのころ、国鉄の鉄道技術研究所所長や鉄建公団の副総裁（後年に総裁）を務めた鉄道技術者である篠原武司《しのはらたけし》は、一九六七年五月に開かれた土木学会総会で「鉄道の現状と将来」と題して講演しました。篠原は今後の経済成長を支えるには従来の鉄道網では不十分であると主張し、それに替わる全国高速鉄道網構築構想を打ち上げます。「日本縦貫高速鉄道網」と称するこの構想は、北海道、本州、四国、九州を結ぶ高速鉄道を建設し、それを骨格として全国約五〇〇〇キロに及ぶもので新鉄道網へ再編成するというものでした。[45]

新幹線を東海道・山陽だけでなく全国にも拡大していこうということの構想は、従来の鉄道に代わる新たな高速鉄道網のグランドデザインを提示したものと言えます。篠原は、東京と地方を結ぶだけでなく、地方どうしの結びつきを促進するネットワーク型の新幹線網を構築する必要があると考えていました。ですから、特に日本海側から四国を経て九州に抜けるルートの構築を重視していたのです。[46]

国鉄自身も、東海道・山陽の次は北陸や東北にも新幹線を建設したいという意向は持っていました。[47]しかし、篠原の構想は、単に新幹線を新設するというにとどまらない、国土全体の開発計画と連動させた包括的なものでした。[48]新幹線は、中央と地方をスムーズにつなぐカギと捉えられるようになったのです。

この構想に田中が関心を示します。さっそく篠原を都市政策調査会に呼んで報告させました。そうして一九六八年五月、自民党都市政策調査会は中間報告として『都市政策大綱』をまとめました。ここでは、高速道路網や航空路線の拡充と並んで、国土を縦横に貫く全国新幹線鉄道の建設が謳われていました。[49]

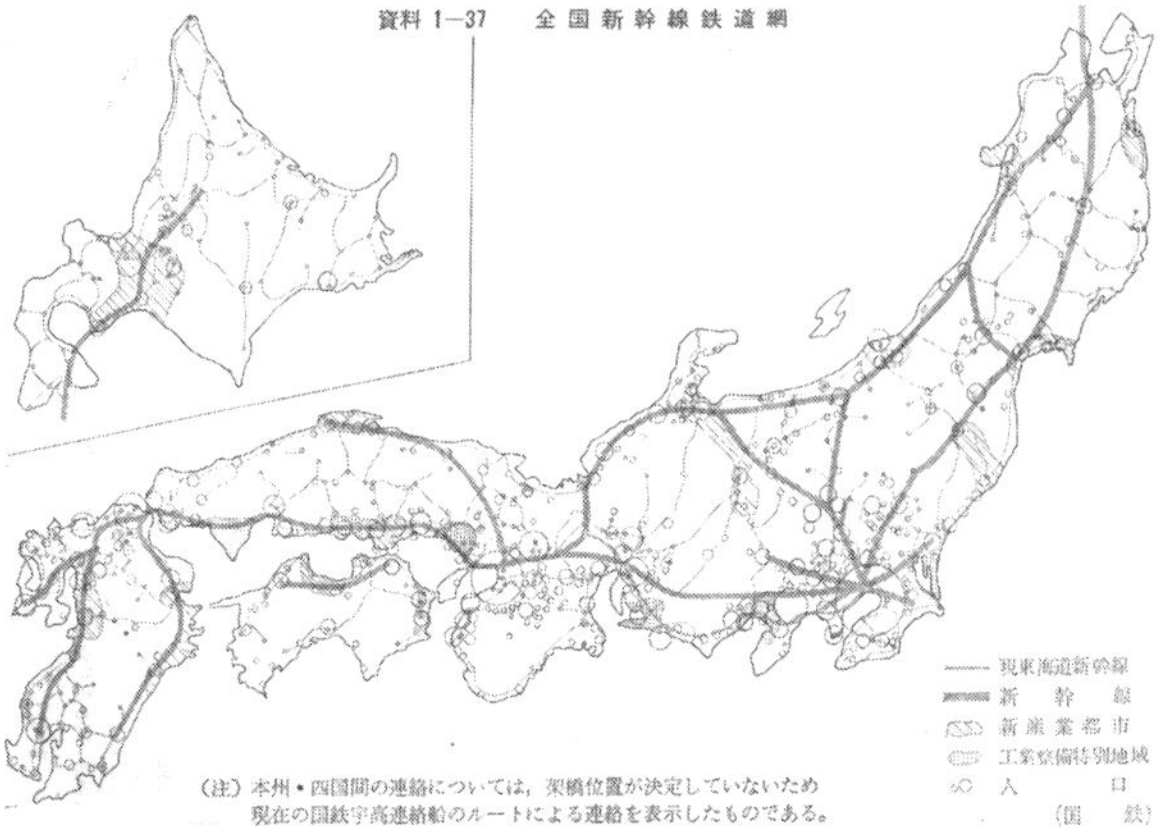

自民党都市政策調査会「全国新幹線鉄道網」『都市政策大綱』（自由民主党広報委員会出版局、1968年）

こうした考えは、一九六九年五月三〇日に閣議決定された新全国総合開発計画（新全総）でも引き継がれていきます。[50] このあたりの段階で、それまでは輸送力増強の切り札として位置づけられてきた新幹線が、国土開発の尖兵へとその役割を転換したのです。

全国新幹線鉄道整備法

ちょうどこのころ、国鉄は山陽新幹線の博多への延伸を運輸大臣に申請します。それまでの東海道新幹線や山陽新幹線の岡山までの区間は、新路線の建設ではなく、あくまでも既存路線の増設という形を取っていました。国鉄はこの時もそれと同じ手続きで進めようとしたのです。

ところがこの申請をめぐっては、政治家から物言いがついたといいます。新幹線は事実上新線を建設するものであり、その建設にあたっては鉄道敷設法の規定に基づいて、鉄道建設審議会の議を経て決定すべきものというものです。このクレームは、鉄道建設審議会で決定した新線建設費を新幹線に流用されては、地方開発線にまわす建設費が減ってしまうという危惧によるものであったと言われています。

最終的に、山陽新幹線までは線増として建設することは認められましたが、今後の新幹線の建設は、国土全体の交通体系の整備という観点から判断する新たな法体系を整備すべきという条件がつけられました。[51] こうして国鉄は、在来線の「線増」という形で新幹線を建設するという、かつて十河がとっていた手段を事実上封じられてしまいました。

それでは、新幹線を新線として建設するにあたって、どのような手続きが必要となるでしょうか。従来どおり鉄道敷設法に予定線を付け加えるという選択肢もありました。[52] しかし政府は、新幹線建設の枠組みを定めた新法を制定することにしました。[53] こうして制定されることになったのが、全国新幹線鉄道整備法（全幹法）です。

全国にどのように新幹線網を構築するかというグランドデザインを定めるものですから、法案を作る段階では、鉄道敷設法と同じように建設すべき路線網を具体的に列挙する方針でした。しかし法案提出直前になって当時の佐藤栄作首相は、法律では具体的な路線を定めないように指示します。かつての鉄道敷設法「別表」のように具体的な路線を列挙すると、地方からの要求が際限なくなると考えたからでした。そうして、具体的な路線網を列挙するのではなく、整備すべき新幹線は運輸大臣が鉄道建設審議会に諮問して決定するように変更されたのです。[54]

全国新幹線鉄道整備法は、一九七〇年五月、第六三特別国会で成立しました。この法律によって、新幹線は「全国の中核都市を有機的かつ効率的に連結」（第三条）して「国土の総合的かつ普遍的開発に果たす」（第一条）「二〇〇キロメートル毎時以上の高速度で走行できる幹線鉄道」（第二条）と規定されました。

あくまでも在来線の別線と位置づけられていた従来の新幹線とは異なり、全幹法にもとづいて建設される新幹線は、全国の各都市をつないで国土開発の核となるという新たな使命を与えられたのです。それまで鉄道敷設法が国土に必要な鉄道網のグランドデザインを示してきたわけですが、全幹法は、実質的にこれにとって代わる役割を果たすことになりました。

鉄道建設審議会の答申に基づいて運輸大臣がその都度路線計画を決定するという全幹法が定める枠組みに従って、一九七一年に最初に決定されたのが東北（東京・盛岡間）、上越（東京・新潟間）、成田（東京・成田間）の三つの新幹線でした。なお、このうち成田新幹線は、東北や上越とは少し異なる性格を持ちました。羽田に代わる東京の国際空港として千葉県三里塚《さんりづか》に成田空港が建設されることが決まっていたため、都内と新空港とを結ぶ高速鉄道が計画されたわけです。

さて、自民党の都市政策調査会の中間報告『都市政策大綱』は、「都市政策」と銘打ってはいましたが、国土全体に産業・工業を展開させて、大都市への一極集中を解消するという論理展開となっていました。全国に新幹線鉄道網を張りめぐらせることは、このプランの肝だったのです。

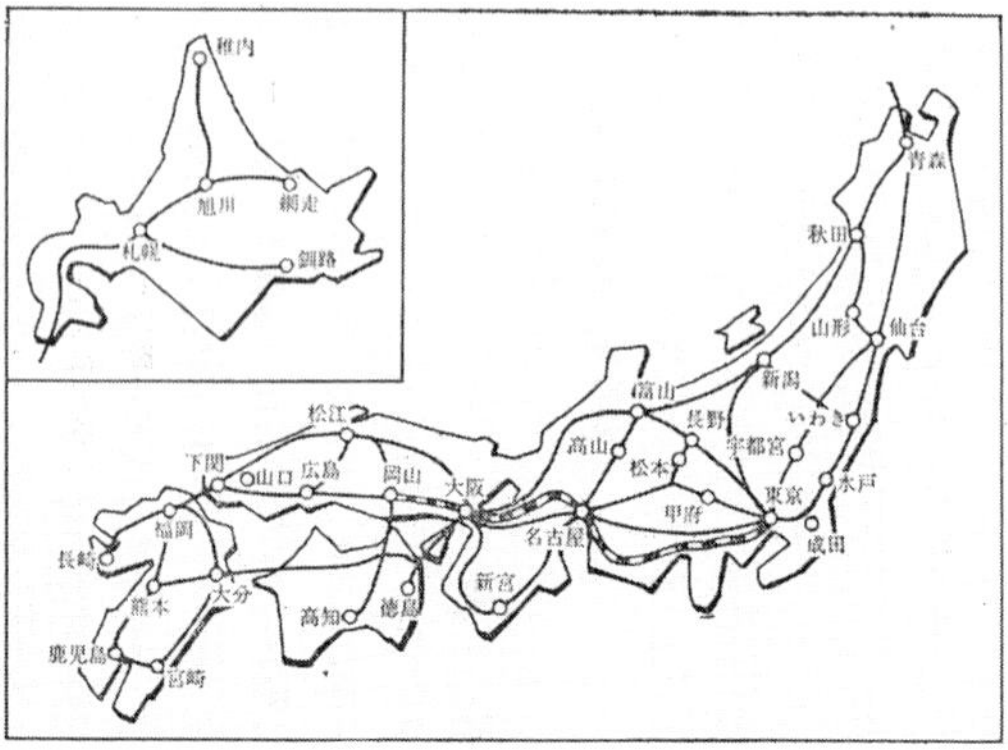

田中角栄の「全国新幹線鉄道網理想図」『日本列島改造論』（日刊工業新聞社、1972年）

「列島改造論」と整備新幹線

一九七二年六月、首相の座を狙っていた田中角栄は、自らの政策綱領として『日本列島改造論』を出版します。その中では、全国に九〇〇〇キロにおよぶ新幹線網を建設する構想が打ち上げられました。

列島改造論と言えば国土の至る所を開発する角栄の大胆な構想、ないしは乱開発を誘発した暴論といったイメージが広く流布しています。しかしその内容は『都市政策大綱』とほぼ共通しており、書きぶりにおいて都市を強調するか地方を強調するかという程度の違いしかありません。全国各地に工業地帯を開発して、新幹線をはじめとする高速交通機関で結ぶという基本的な手法はほぼ共通しており、両者は表裏一体の関係にあったと言えます。

『日本列島改造論』は、九〇万部以上を売り上げるベストセラーとなります。勢いに乗る田中は、一九七二年七月に首相に就任しました。そして列島改造論の目玉であった新幹線は、この年のうちに基本計画に五路線を追加することが決まります。

・東北新幹線：盛岡市・青森市間

・北海道新幹線：青森市・札幌市間
・北陸新幹線：東京都・長野市・富山市・大阪市間
・九州新幹線：福岡市・鹿児島市間
・九州新幹線：福岡市・長崎市間

翌年一一月に全幹法に基づいて整備計画路線として定められたこの五路線は、その後「整備新幹線」と呼ばれることとなります。[55]

「国土の総合的かつ普遍的開発」という全幹法が第一条で掲げた目的は、欧米並みに線路網の密度を上げることを目指した鉄道敷設法の発想を受け継いだものと言えます。政治主導により全国的な新幹線網を整備するという枠組みを作った全幹法は、鉄道敷設法に代わって、新たな鉄道敷設のグランドデザインを示すものでした。鉄道敷設法も引き続き残りましたが、その後国鉄分割民営化の際に廃止されて役割を終えたのに対し、全幹法はＪＲになってから現在に至るまで、現役の法律であり続けています。分割民営化を挟んでしばらくのあいだ整備新幹線の事業は凍結されましたが、その後、今もなお政治と鉄道との関係を規定する枠組みとなっているのです。

4　国会とストライキと債務と

国鉄官僚のプリンス

このようにして政治との関係が新たな段階を迎える中、一九六九年五月に国鉄総裁となったのがここまでもすでに何回か言及した磯崎叡でした。「国鉄官僚のプリンス」とも言うべき存在です。[56]

磯崎は一九一二年に海軍の造船士官の子として東京に生まれ、「叡《さとし》」の名はちょうど建造中であった戦艦比叡《ひえい》から一字をとってつけられたといいます。[57]東大法学部を卒業後に鉄道省に入り、日本国有鉄道が発足した一九四九年には職員課長となっていました。下山初代総裁時代の最大かつ最初で最後の課題が一〇万人の人員整理だったことはすでに述べたとおりですが、磯崎は職員課長としてこの「首切り」を直接実行する立場にありました。そして大量の人員整理をやり遂げた磯崎は、その後も順調に出世を続け、十河総裁のもとでは常務理事を務めます。

当時の国鉄の幹部職員の中には、特定の政治家と深い関係を持つ人物も少なくなかったのですが、磯崎はその最たるものでした。「僕の家は角さんのすぐそばにあったから、当時、ふだんの日でも朝一番に行っては一時間か一時間半ほどしゃべってたね[58]」と後に磯崎自身が語っているように、特に田中角栄と深い関係を結んでいました。田中が地方ローカル線や新幹線をめぐって国鉄に強い影響力を持っていたことは、すでに見たとおりです。十河にとってみれば、政治家に近づきすぎる磯崎は苛立たしい存在でした。[59]十河は磯崎を遠ざけようとしますが、磯崎は自ら国鉄を退職することを選びます。

十河が退陣した後を受けて就任した石田総裁のもとで、磯崎は副総裁として復帰することになりました。復帰に当たっては田中角栄の強い後押しがあったともいいます。[60]佐藤栄作の後の首相として、一時は田中ではなく福田《ふくだ》赳夫《たけお》が本命とされたことがありましたが、磯崎はこれを見て福田に接近を図ったこともありました。[61]よくも悪くも、政治との距離が近いのが磯崎という人物だったのです。

「マル生」――幻影の生産性向上運動

まさに満を持して総裁に就任した磯崎が、まっさきに取り組むべき最重要課題と考えたのは、やはり労働問題でした。合理化・効率化が進む中で組合の動きは先鋭化しつつあったのです。

磯崎叡　1971年10月衆議院社労委員会にて。講談社

磯崎は全国の現場をまわり、自ら直接職員に語りかけていきます。「大前提として国鉄職員であるという意識がなくては困る」[62]という磯崎の言葉にも表れているように、まずは国鉄職員の意識改革ということですが、要はタガが緩んだ、かつての「国鉄一家」意識の再構築を目指していたのです。

磯崎の意を受け職場組織の立て直しに奔走していたのが、職員局で養成課長を務めていた大野《おおの》光基《みつもと》でした。大野は国鉄の労使関係の改善に、生産性向上運動を取り入れようと考えました。生産性向上運動とは、第二次世界大戦後の欧州諸国がアメリカの経営モデルを取り入れながら経済再建・自立を図ったことを起源とするもので、失業防止、雇用増大、労使協調、成果の公正な分配によって、企業の生産性を高め社会の生活水準を向上させようというものです。一九五五年に日本生産性本部が設立されると、各企業・労組はこの運動に参加していきました。

大野の目には、現場協議制の結果、頻発するようになった管理職のつるし上げやヤミ手当の乱発など、荒廃した国鉄の職場の規律を立て直すためには、生産性運動はまさにうってつけだと映ったのでした。そこで大野は真鍋洋《まなべひろし》職員局長とも相談しながら、生産性本部に国鉄職員の研修を依頼しました。

しかし生産性本部側はすぐには首を縦に振りません。引き受けの条件の第一に「トップが不動の信念を持つこと」を挙げたように[63]、形勢が悪化した場合に国鉄の幹部が逃げてしまうことを恐れていたのです。最終的に生産性本部のトップであった郷司《ごうし》浩平《こうへい》理事長の決断によって国鉄職員に対する生産性研修が始まることになり[64]、国鉄では「マル生」とも呼ばれることとなります。この運動に関する書類に「生」の字を丸で囲んだスタンプが押されたことが、その呼称の由来です。

もともと生産性向上運動は、アメリカ流の経営管理や科学的な生産管理の色彩が強いものでしたが、国鉄側は現場の管理者の意識を変革する精神運動として捉えていました[65]。研修は合宿形式で行われましたが、そこでは「人間を生まれ変わらせる」[66]ことが目指されていたのです。

昼間こそ通常の講義が中心でしたが、夜になるとグループディスカッションや参加者一人一人に蠟燭を灯す「キャンドルサービス」などが行われます。実は国鉄における生産性研修は、昼間の講師による講義よりも、トレーナーを主役とする夜のほうがメインでした。こうした研修を続けていくことで、当初は否定的だった受講生の態度も徐々に変化していきます。「修了時にはお互いが手を握り、肩を叩き、眼に涙を浮かべて再建を誓い合う」ようになったといいます。[67]

ここで「洗脳」という言葉が思い浮かぶ方も少なくないでしょう。実際のところ人を選ぶ研修内容であったようです。「たった三日や四日の教育で人間が生まれ変わるわけがない」[68]という、内部での異論も少なくありませんでした。

とは言え、労使協調を良しとする精神運動が現場管理者を巻き込んで大々的に展開された生産性向上運動は、それまで組合との関係で疲弊していた現場の管理者や職員から一定の支持を得られたことも確かです。それまで当局に敵対的な姿勢を取ることが多かった国労や動労から組合員が脱退し、労使協調的な組合への加入が目立つようになりました。

脱退者の増加は国労や動労にとって組織存亡にかかわる大問題です。一九七一年八月に開催された国労全国大会では、「座して死を待つより、立って反撃に出る」という姿勢を明確にします。[69]

そうした中で、国労は水戸駅で当局側が国労からの脱退を強要していたことを摑みます。これは明確な不当労働行為ですので、国労側の告発により磯崎総裁は謝罪することを余儀なくされ、生産性向上運動は事実上中止に追い込まれます。

生産性向上運動の先頭に立っていた現場長や助役ら管理職の中には、不当労働行為の責任を問われて処分を受けた人々が少なくありませんでした。「敗北の責任は、現場管理者や職員だけがかぶり、いわゆる本社採用学士たちは口を拭って転進した」[70]のです。現場の人びとは、当局の方針に従い梯子を外される形となりました。当然ながら、彼らの当局への信頼は失墜し、結果として職場のモラルも崩壊しました。

磯崎自身は、「責任を取った現場長には本当に申し訳ないと思った」としつつも、総裁の職にとどまり続けました。[71] 自らにふさわしい花道を求めていたとも言われますが、[72] 実際のところ「部下に責任を転嫁[73]」したと非難されても仕方がありません。磯崎の当初の目論見とは裏腹に、生産性向上運動は、後藤新平が苦心して作り上げた「国鉄一家」意識の崩壊を加速する結果となったのでした。

運賃値上げと国会

一九六四年に赤字に転落して以来、昭和四〇年代を通じて国鉄はその泥沼から脱出することができませんでした。一九六九年五月には第三次長期計画を途中で打ち切り、赤字からの脱却を目指した第一次再建計画をスタートさせます。国の財政補助、国鉄の経営努力、運賃改定という三本柱で、収支を均衡させるという目論見でしたが、[74] なかなか実効はあがりません。

この後何度も国鉄は「再建計画」を立てて、途中で打ち切るということを繰り返します。「国の財政補助」といっても「赤字に対しては政府資金を貸付け、その貸付金の利子分だけを助成」するくらいのことでしたから、[75] 資金は基本的に国鉄自身が調達しなくてはならなかったのです。

経営状況を良くするためには収入を増やす必要があります。国鉄の最も主要な収入源は、何といっても運賃収入でしたから、運賃値上げは財政再建の必須条件となります。ところが、国鉄にとって運賃を変えるということは、容易ではない一大事業でした。すでに触れたことですが、戦後国鉄運賃法という法律が制定されており、それによって運賃の賃率は定められていました。つまり、運賃を変えるためには、国会での法改正が必要だったのです。

法律を変えるには、煩雑な手続きが必要です。具体的には、まず国鉄が運輸大臣に運賃改定を申請し、これを受けた運輸大臣が運輸審議会に諮問、その答申を受けて運輸大臣が閣議に諮り、閣議決定を受けて衆議院に法案として提出、その後衆参両議院の議決を経て、法律の改正が成立する、という流れになります。

さらにこの時期の国鉄は貨物輸送もまだ盛んに行われていました。その運賃は国民経済に大きく影響を及ぼします。そのため、監督官庁である運輸省だけでなく、物価との関連では経済企画庁や大蔵省、米や水産物の輸送なら農林省、学生定期運賃なら文部省といったように、各省庁とも折衝が必要でした。与党である自民党でも合意を得る必要がありましたし、さらには国会での審議に参加する野党とも折衝する必要がありました。

しかし、運賃値上げは与野党の政治取引の材料になりがちです。実際のところ、国鉄の見込みどおりには運賃値上げはなかなか実現しませんでした。[76] 先に見たように、昭和四〇年代には、「五方面作戦」のような通勤対策でも国鉄は大規模な投資を続けていました。「そういう金がかかるということを理解して、それに見合う運賃を認めてくれれば良かった」のですが、実際には「運賃の値上げは国会で抑えられてしまった」のです。[77]

たとえば一九七二年一月、国鉄は四月からの実施予定として運賃値上げ申請を行いました。しかし値上げ法案は、国会での審議が遅れた挙句、六月には審議未了で廃案となってしまいます。仕方なく国鉄は、一年後の一九七三年一月に再び値上げの申請をします。これも四月から実施の予定でしたが、国会での審議は長引き、衆議院を通過したのは六月でした。参議院での審議も難航した挙げ句に原案は修正されることになり、修正案が参議院本会議で可決された時には九月となっていました。法案が可決して翌一九七四年三月に値上げする予定となりましたが、一二月になって政府は、物価抑制のため実施時期の半年間延期を決定してしまいます。結局、運賃値上げが実施されたのは一九七四年一〇月のことで、当初予定していた一九七二年四月から一年半遅れたのです。遅れた時間の分だけ国鉄の借金が増加し、赤字の額も急増していったのでした。

実情とかみ合わない再建策

難産であった運賃値上げ法案の成立の見通しがついたことで、一九七三年九月、磯崎は総裁を辞職しました。代わって総裁に就任したのが藤井松太郎です。「トンネル松」という異名を持つ藤井は、東大工学部卒業後に鉄道省に入り土木技術者として各地でトンネルや橋梁の建設に携わり、戦後は国鉄の技師長となりました。新幹線の建設に消極的だったことから十河信二に遠ざけられ辞任したことは、先にも触れたとおりです。その後、いったん国鉄を辞めましたが、石田総裁のもとで再び技師長に返り咲いていました。日本国有鉄道発足以来、技術系出身者が総裁となったのは、初代の下山定則以来のことでした。

さて、国民の代表が国鉄の運賃を決めるというのは、一見すると民主的で優れたシステムのようです。しかし、藤井は次のように述べています。

旅客運賃一人一キロをいくらにするかなどということは、国の最高機関である国会で論議すべきことではない。国鉄運賃は輸送サービスの料金であるから、経済要因によって適時適切に決めなければならない。[78]

運賃をいちいち法律で決めていたのでは、実際のところ経済情勢の変化に対応できないというのです。昭和四〇年代は高度経済成長の時代でした。昭和四九（一九七四）年度の卸売物価の上昇率は三一・三%、現在からすると想像を絶するスピードでモノの値段も、賃金も上がり続けていたのです。そうした状況にもかかわらず政治の駆け引きで運賃改定が遅れてしまえば、支出は拡大するのに収入は頭打ちになるのですから、それだけで赤字が拡大することになります。藤井総裁はインフレ率を大きく下まわる運賃水準について、次のような不満を漏らしていました。

現在の国鉄運賃は法外に安い。昭和十一年ころ、葉書一枚と旅客一人一キロの運賃はほぼ同額だったが、葉書はとっくに当時の六六七倍の一〇円にはね上がり、さらには最近一三三四倍の二〇円となった。国鉄運賃は現在旅客一人一キロ五円一〇銭で、当時の三二七倍にすぎない。[79]

藤井松太郎『国鉄線』(29-1、1974年)

最大の収入源である運賃収入計画が立たない状況ですから、一九六九年に始まった第一次再建計画はわずか三年で破綻してしまいます。一九七三年度から第二次再建計画に移行し、その後も何度も再建計画を立てますが、いずれもうまくいきません。「事態の悪化があまりに急ピッチで、再建策の立て方とうまくかみ合わなかった[80]」のです。

こうした状況の中、一九七一年には、国鉄は減価償却前の段階での赤字に転落します。それまで一九六四年に赤字となってからも、事業運営の費用は自前でなんとか賄うことができていました。それが、本業そのものを借金に頼らないと維持できなくなってしまったのです。「本来ならば、この時点で運賃の値上げを自由化し、不採算なサービスを切り捨てるのか、それとも国が金を出して補助するのかを決めるべきであった」のかもしれません。

しかし、「政府はいずれの措置をもとらず、財政投融資で借金の穴を埋め、問題を後送り」にしたのです[81]。そもそも戦後の日本国有鉄道は直営ではないため、政府は国鉄の収支の動向に第三者的な立場をとってしまいがちでした[82]。

ここまで昭和四〇年代に入って鉄道に対する政治の影響力が強まっていく過程が、国鉄の経営悪化とパラレルに展開したことをみてきました。それは同時に、

都市交通とローカル線→地域交通のあり方
新幹線→ナショナルネットワークのあり方

という二一世紀の日本で大きな政治課題となる要素が出揃ってくる過程でもありました。そもそも鉄道網をどのように構築、維持するかということは、政治そのものなのです。

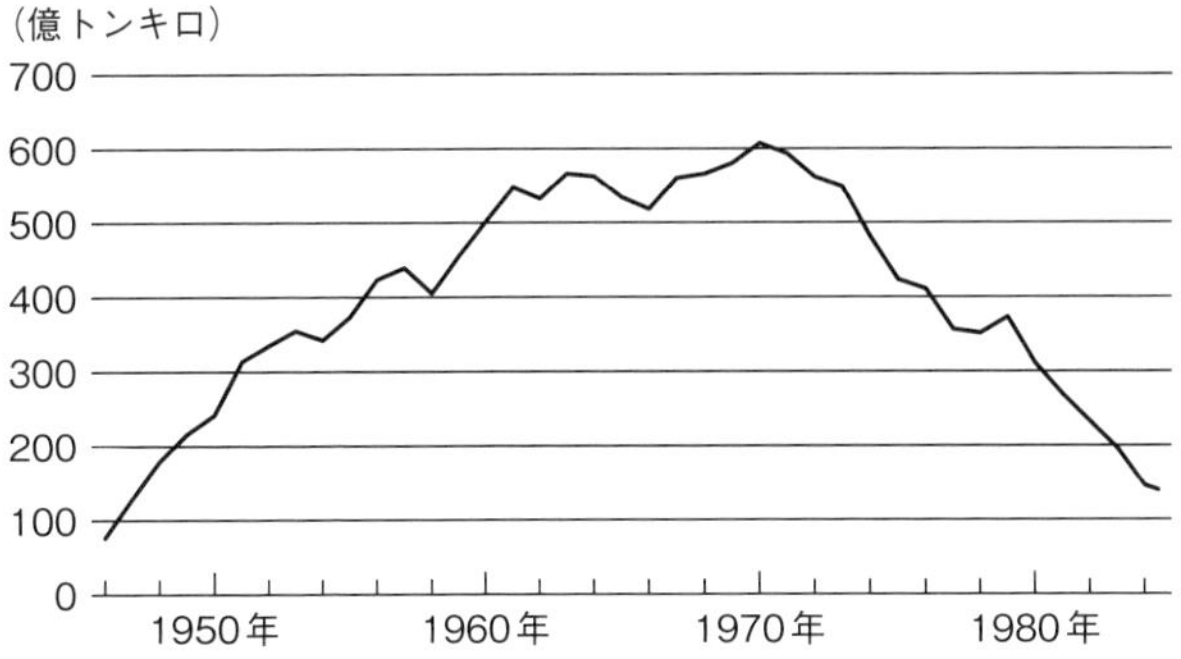

戦後の国鉄貨物輸送量　『鉄道統計年報』（各年度版）より作成

好調の旅客と危機の貨物

昭和四〇年代の国鉄は、経営は危機的状況となっていたものの、旅客需要自体はいまだ旺盛でした。特急や急行といった優等列車の指定券はつねに入手困難で、自由席を待つ乗客を収容する上野駅前広場のテント村は帰省ラッシュシーズンの風物詩となっていました。[83]

一九七〇年の大阪万博開催時には、新幹線の編成を現在と同じ一六両に増結し、在来線でも久しぶりに客車を増備（一二系・一四系客車）するなど、空前の規模での輸送体制が築かれました。そして、その増強した輸送力を万博以降も無駄にしないために打ち出されたのが、「ディスカバー・ジャパン」キャンペーンです。国鉄が初めて本格的に広告代理店と組んで展開した販促イメージ戦略でした。ディスカバー・ジャパンでは、日常的な風景の中に新しい旅のあり方を「再発見」するということに重点を置き、それまで十分に需要の掘りおこしが進んでいなかった女性にも焦点を当てて、広告キャンペーンを展開しました。[84]それまで未開拓であった分野を開拓して、需要を拡大させようという目論見です。ディスカバー・ジャパンがそのうちどれほど寄与したかは定かではありませんが、万博後の一九七〇年代前半も旅客需要は衰えることはありませんでした。

一方、貨物はすでに危機が顕在化していました。一九五五年の時点では全国の貨物輸送に占める国鉄の分担率は五〇%を超えていました。その後も輸送量自体は増え続けるものの、自動車や内航海運といった他の交通機関の伸びが著しく、国鉄貨物はシェアを落とし続けます。昭和四〇年代に入るとこの傾向は著しくなり、一九六五年に三〇%だったシェアが、わずか五年後の一九七〇年には一八%となってしまいました。まだこの時期にも輸送量そのものは若干増えていたのですが、その後まもなく絶対量でも減少に転じていきます。[85]

鉄道貨物の全盛期、その主要なニーズの一つは石炭輸送でした。北海道や北九州、常磐などに点在する炭鉱から全国の需要地へ石炭を運んでいたのです。しかし石炭需要は急減し、代わってエネルギーの主役に躍り出た石油はほぼ輸入頼みです。石油は海外からタンカーで運ばれてきますし、必要とする工業地帯や大都市はたいてい沿岸部にありますから、わざわざ鉄道で輸送するメリットはありません。石油の鉄道輸送の需要は、臨海部の製油所から内陸の都市への輸送など、ごく限定されたものとなりました。

さらに、日本の産業自体の構造変化も、鉄道貨物には逆風となりました。ヤードシステムを採用した国鉄貨物は、とりわけ小品種大量輸送を得意としていたのですが、トヨタのジャストインタイム方式に象徴されるように、新たな産業のあり方は多品種少量輸送を求めるようになります。鉄道貨物はこうした需要構造の変化をうまく受け止められず、高度経済成長で大幅に増えた需要をつかむことができなかったのです。

しかしこうした状況を目前にしても、国鉄の貨物関係者は強気の見通しを崩しませんでした。貨物需要自体は旺盛なので、設備さえ整えれば「V字反騰」するという触れ込みのもと、大規模な投資を続けていきます。たとえば、武蔵野や郡山操車場に一連の操車作業をコンピューターで制御するシステムを導入した大規模な自動化操車場を建設しました。自動化されたとはいっても、あくまでも既存のヤードシステムの延長上のものであり、その効率化を図るというやり方です。システムそのものを抜本的に変えるというわけではありませんでした。

国鉄内部でも、多品種少量輸送に対応するため全面的にコンテナや直行輸送に転換するべきだという意見はありました

武蔵野操車場　1983年。共同通信社

が、その導入は一部にとどまります。それまでに作り上げられてきたシステムはあまりに巨大で、かつ精密であったために、抜本的な改革が困難だったのです。こうして国鉄は、ニーズとかみ合わない巨額な設備投資を続けてしまいました。

首都圏の「五方面作戦」のように、この時に無理をして投資をしたことで、後世の社会に役立ったということもあります。しかし、一九七四年に当時最新鋭の設備を備えて登場した武蔵野操車場のように、旧来システムを前提とした大がかりな設備投資をしたものが短期間に用済みになってしまったという例が、とりわけ貨物においてはすくなからず見受けられます。いずれにしても、こうした巨額の設備投資が、国鉄の財政悪化の大きな要因となりました。そして、借金を返済するためにさらに借金を重ね、国鉄の累積債務は雪だるま式に膨れ上がっていったのです。

肥大化する組合の力

生産性向上（マル生）運動が事実上失敗に終わったことで、国鉄当局は、国労や動労といった労働組合の動きに対するコントロールを事実上失っていきます。いったんは脱退した組合員も、雪崩を打って国労のもとに復帰していきました。[86]

マル生運動以前から、一九六〇年代末の労使交渉の結果導入されていた現場協議制によって、駅や機関区といった末端の現場レベルでさまざまな労働条件を決めることとなっており、国鉄の労働現場における組合側の立場は決定的に強いものになっていました。もともとそうした傾向があったところ、マル生運動の失敗によって現場では管理者は権威を失い、組合の力はより極端に強いものとなったのです。日常の業務における細かな作業の変更すらも、現場で組合の了承を得なければ行えない有様となりました。[87]このころには、組合対策として電車のトイレを廃止する議論まで出たと言われたり、せっかく新型車両を導入しても組合が新型対策の研修を行うよう要求するため、マイナーチェンジと称することを余儀なくされたりと、車両にも影響を及ぼすようになっていました。

さらに組合側は、さまざまな要求を国鉄当局にぶつけるのみならず、さまざまなデモンストレーションを展開することで、直接政府に訴える姿勢を強めていきました。[88]その中で多用された戦術が順法闘争でした。すでに触れたとおり、順法闘争は安全上などの規則を細かく厳密に守って、結果としてサボタージュに近い状態にする戦術のことです。争議権が認められておらず、ストを法的に禁止されていた国鉄の組合が編み出したものでした。

上尾事件　破壊された窓口で業務をする上尾駅員　1973年3月13日。共同通信社

東京の貨物の南の玄関口であった新鶴見機関区では、主に機関士などが所属していた動力車労働組合（動労）を中心に順法闘争が展開されました。たとえば貨車を押し上げる機関車の速度は「時速二五キロメートル以下」と定められていたところ、時速約五キロメートルで運転するというものでした。管理者に言わせれば「これ以上おそく走れないというスピ

ードで走ってやがる。完全なサボタージュですよ」となりますが、組合側は「規定では二五キロメートル以下で運転することになっている。その範囲内で何キロで走るかは機関士の判断だ」として、規則を守っているだけと主張するのです。[89]対立は労使間のみならず方針を異にする労組同士でも激しくなり、時には暴力を伴う「内ゲバ」事件を引き起こすこともありました。[90]一九七一年から七二年にかけての新鶴見では、当局側が「もはや正常な管理は不能」として、警備のために鉄道公安官が常駐するという事態にまで状況はエスカレートしていきました。[91]

多くの通勤客でごったがえす大都市のラッシュ時でも、順法闘争は盛んに行われました。ただでさえ混雑するラッシュ時です。安全のためと称して極端なノロノロ運転を繰り返して、激しい混雑と遅延を引き起こしていきます。通勤客にとってはたまったものではありません。そうして鬱積した乗客たちの不満が爆発したのが、一九七三年三月一三日に発生した上尾《あげお》事件でした。

埼玉県にある高崎線の上尾駅は、当時人口が急増し混雑が激しくなっていました。そうした中の事件当日の朝、国労や動労が続けてきた順法闘争が八日目に入り、始発からダイヤが大幅に乱れて運休が相次いでいました。七時過ぎに上野行きの電車が到着した時には、ホームには約六〇〇〇人もの乗客が黒山の人だかりとなっていたのです。[92]当然待っていた乗客は乗り切れずに電車は立ち往生してしまいます。もともと混雑を不満に思っていた乗客たちはついに怒りを爆発させ、暴徒と化して電車の窓を破壊し、駅の事務室に乱入して占拠してしまいました。[93]

終わりの始まり――「スト権スト」がもたらした現実

この事態を受けて、さすがに組合側もいったん順法闘争を中止しましたが、はやくも四月には再開します。それに対し怒りを爆発させた乗客たちが、大宮や赤羽、上野といった首都圏の各駅で再び暴徒化してしまいました。鉄道のサービスに不満を持つ乗客が個人で暴れることは現在でも見受けられますが、集団で暴徒化するというのは、まるで次元が違います。乗客たちの国鉄に対する不満は、臨界点を越えつつあったのです。

スト権スト当日の東京駅新幹線コンコース　共同通信社

しかし、組合も当局も事態をどこまで深刻に捉えていたか疑問が残ります。特に組合側はスト権（争議権）の獲得に力を入れ、さらに活動を先鋭化させることとなりました。

一九六〇年代以降頻発していた国鉄のストライキはすべて違法であり、首謀者は処分を受けていました。国鉄の労組関係者はストライキを行う権利は労働者が当然持つべきものと訴えていましたが、政府は国鉄をはじめとする公社の職員のスト権をなかなか認めようとしません。そこで組合側は、スト権を認めさせるために大規模なストライキを実行して、実力をもって政府にスト権を認めさせるという挙に出ることを目論んだのです。ストをする権利を求めてストをするというこの行動は「スト権スト」と呼ばれるようになります。
国鉄が旅客と貨物とも輸送を止めれば首都圏を中心とする物流が止まるはずであり、物流が止まって市民の生活に支障が出てくれば、政府も組合側の要求を認めざるを得ないというのが、組合側の読みでした。そして一九七五年一一月二六日、国鉄をはじめ「三公社五現業」[94]と呼ばれた国の公営企業の労働組合を動員して満を持して始まったストライキは、八日間一九二時間に及ぶ長期なものとなりました。しかし政府は、こうした実力行使を「公労法で禁止されているスト権を、実力で奪取」する「暴力革命思想の発露」と見做しました。[95]
ふたを開けてみれば、政府はスト権を認めない上に、トラック輸送によって大都市への物資も止まることはなく、国鉄はもはや物流の大動脈を担っていないという冷厳な事実が露わとなりました。多くの荷主はこれを機にトラックへと移行し、鉄道貨物輸送の退潮は決定的なものとなってしまいます。組合にとって、八日間にわたる全面的な闘争はまさに天王山だったと言えますが、無残に敗北しました。しかし敗北したのは、組合だけでなく国鉄そのものでもありました。この時に「国鉄の終わり」が始まったと言えるでしょう。

第六章　再建の試みと崩壊（―一九八七）

1　「後のない計画」

運賃五割値上げ

スト権ストに見舞われた国鉄の一九七五年ですが、暗い話ばかりだったわけではありません。三月一〇日に山陽新幹線が博多まで開業し、ついに東京から九州までが新幹線でつながった年でもありました。東京以西に限るとは言え、一〇〇〇キロ以上にわたる長距離を高速で移動することが可能になったのです。そして、新幹線の延伸は、鉄道の旅のあり様を大きく変えることとなりました。

このころ、国鉄の約二万キロの全線に乗ることを志していた中央公論社の編集者宮脇俊三は、金曜日の仕事を終えると夜行列車で未乗の路線に赴くという旅を繰り返していました。ある日曜日、宮脇は岩日線《がんにち》（現・錦川鉄道）を訪れますが、終点まで往復すると夕方になってしまいました。それまでの感覚からすると、山口県の山奥で夕暮れを迎えるようなシチュエーションで、その日のうちに東京に帰りつけるということは考慮の外にあったのです。ところが、この直前に開通した山陽新幹線は、夕方一七時半ごろに山口県でうろうろしていても東京に帰り着くことを可能にしたのでした。この時、宮脇は「新幹線は魔法の杖だ」と感慨をもらしていますが、[1]新幹線によって、在来線時代には考えられなかったほど旅程の自由度が高まったのです。

さて、山陽新幹線が全線開通した一九七五年の六月、「国鉄《わたくし》は話したい」という全面広告が全国の新聞に掲載されました。厳しい財政状況と運賃値上げの必要性を広く訴えようとしたのです。この年の暮れに政府は重い腰をようやく上げ、国鉄の借金の一部を棚上げにする「国鉄再建対策要綱」を定めました。[2]そこには国鉄運賃を五割値上げする方針が明記されていました。[3]

従来の運賃値上げは国鉄側が要望したものでしたが、今回は政府の方針です。それまで国鉄のほうから値上げを願い出て苦労してきたことを考えれば、今度は政府が言い出してくれたのですから、経営陣にとってみれば願ってもないことのはずでした。しかし、いきなり五割の値上げというのは、相当にラディカルな方針です。しかも、この発表の一ヵ月前にはスト権ストの騒ぎがあって、利用者の反感が高まりきっていた折のことでもありました。つまり、最悪のタイミングだったとも言えます。しかしほかならぬ政府の方針ですから、年が明けた一九七六年一月、国鉄は運賃の五割値上げを申請しました。国会での審議が紛糾したものの、一一月には運賃値上げが実施されたのです。後から振り返ると、スト権ストとその直後の運賃五割値上げという「暴挙」は、利用者の国鉄離れを決定的なものにしました。

大蔵省から送り込まれた「破産管財人」

この間の一九七六年三月、藤井松太郎はスト権ストの責任を取るかたちで総裁を辞任します。代わ

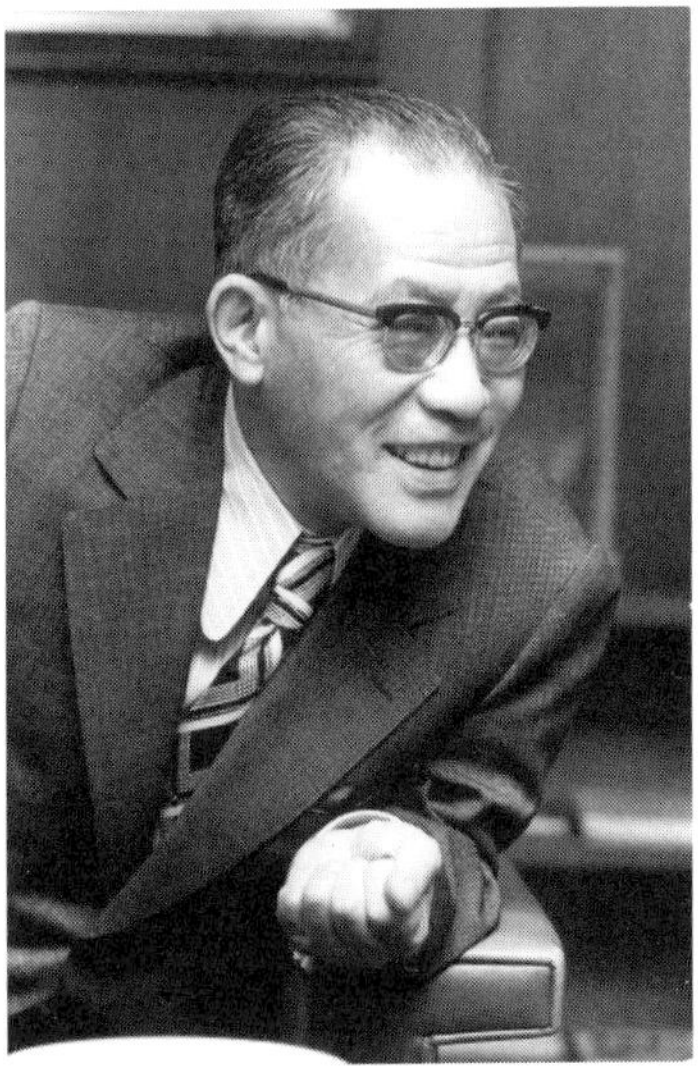
高木文雄　講談社

って総裁となったのが高木文雄でした。事務次官まで務めた大蔵省の大物官僚である高木は、それまでさして国鉄との直接の関わりはありません。その点で高木は歴代総裁の中でも特異な存在です。この破格の人事は、国鉄再建対策要綱を確実に国鉄に実行させようとする大蔵省から、いわば「破産管財人」が送り込まれたのだとみなされました。

高木自身は、就任してから国鉄が直面するさまざまな課題を社会に広く訴えるなど、総裁として国鉄の再建に心を砕きました。しかし、国鉄幹部の多くは高木に警戒心を解きません。高木に組織の実情を知らせる人物はおらず、「裸の王様」となってしまいました。[4]

高木が総裁になったことで実現したこともあります。「まず商品の値段をある程度自由に決めさせてもらう」として、一九七七年一二月にそれまで必ず法改正が必要であった運賃の改定を、一定の範囲内であれば法律改正なしに実施できるようにしました。これは大きな成果と言えます。[5]しかし、それもすでに機を逸していました。スト権ストと運賃五割値上げによる利用者の「国鉄離れ」は、もはや致命的なものとなっていました。

引き続き国鉄路線の全線完乗を目指していた宮脇俊三は、大幅値上げの後は寝台券や指定券の入手に苦労することがなくなり、逆に利用者の少なさに不安を覚えるようになります。

> 寝台の客はまばらで、四五人分の寝台があるのに一〇人ぐらいしか乗っていない。国鉄の運賃・料金が一挙に約五〇パーセントも値上げされていらい、はじめて乗る寝台車であるが、B寝台でもこれほど客が減っているとは思わなかった。[6]

それまで順調に伸びていた新幹線の輸送量も、五割値上げを実施した一九七六年には約一割の大幅減となり、その後も減少が続きました。

利用者が離れてしまったのは旅客だけではありません。スト権ストをきっかけに荷主が離れてしまった貨物輸送も、凋落に歯止めが利かなくなります。

そしてついに、収入が予算割れする状況に陥りました。昭和五〇年代に入ると、国鉄は経費節減のためにダイヤ改正のたびに列車を削減する「減量ダイヤ」を組まざるを得ない状況に追い込まれました。[7]一九七八年一〇月、一九八〇年一〇月、一九八二年一一月と、ほぼ二年ごとに実施されたダイヤ改正ではその都度、貨物や夜

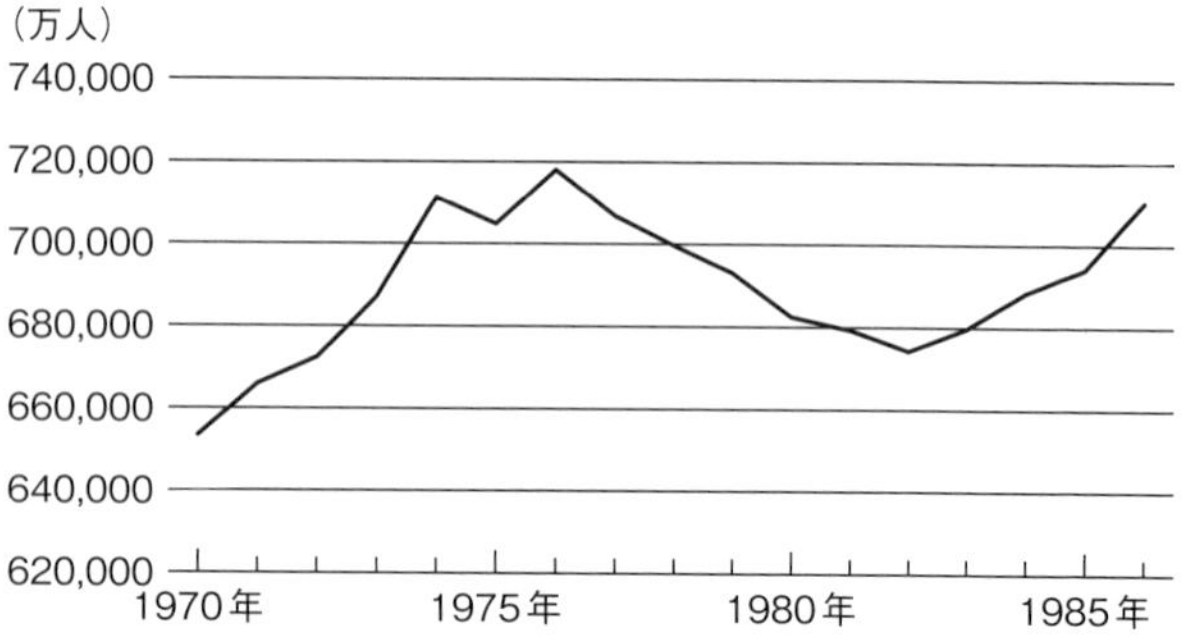

国鉄旅客輸送量の推移　『鉄道統計年報』各年度版より作成

行列車、さらには新幹線こだまに至るまで、多くの列車の削減が繰り返されます。

さらに、法律の縛りが緩くなったことで、ほぼ毎年のように運賃値上げが繰り返されるようになります。そして消費者物価の上昇率を上まわる勢いで運賃が上げられた結果、さらに「国鉄離れ」が進行するという悪循環が生まれてしまいました。[8]

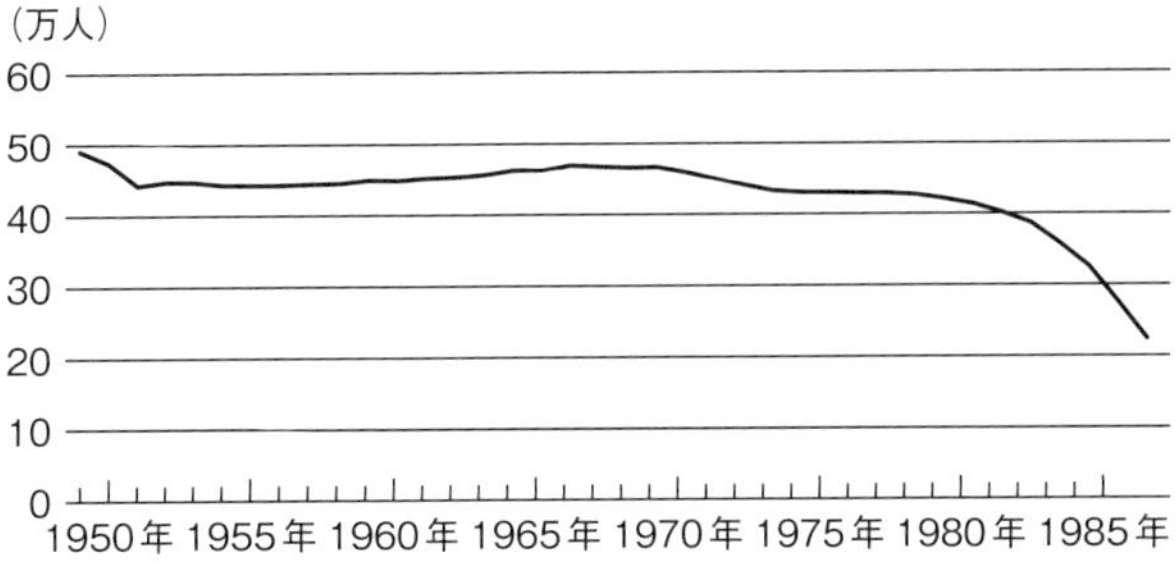

国鉄職員数の推移　『鉄道統計年報』各年度版より作成

国鉄経営再建促進特別措置法と五度目の経営再建計画

国鉄の財政状況はさらに悪化し、職員のボーナスや関連会社への支払資金も枯渇するようになったといいます。[9] 相次ぐ運賃値上げも利子増加分を補う程度の効果しか得られません。一九八〇年ごろには、利子の支払いだけで首がまわらなくなっていったのです。[10] このあたりで、国鉄は全体として収支を均衡させることを実質的にあきらめるようになります。

そこで「構造的欠損論」という論理が唱えられるようになりました。国鉄の赤字の中には、外地からの引き揚げ者の退職金や年金、社会政策的に低く設定した通勤・通学定期運賃、そしてそもそも採算が合わない地方ローカル線の赤字など、企業努力で削減することができないものがあるというのが、その要点です。そうした必要不可避な分野の赤字については政府が助成すべきで、国鉄はそれ以外の幹線や都市圏といった分野における収益改善に注力するというわけです。[11]

この「構造的欠損論」を踏まえて政府は、一九八〇年一二月に国鉄経営再建促進特別措置法を制定します。政府が国鉄に一定の援助をするというものですが、同時に国鉄にも「身を切る」ような経営努力を強く求める内容となっていました。これを受けて国鉄は、一九八一年五月に経営改善計画をまとめます。一九六九年以来、国鉄は経営再建計画を四度にわたって策定しましたが、いずれも途中で頓挫してきました。[12] しかし今回こそは、失敗すればもはや国鉄に未来はないということで、俗に「後のない計画」とよばれることになります。その内容は、五年で四二万人の職員を三五万人まで削減し、そのために赤字の元凶とされたローカル線と貨物に大鉈を振るうというものでした。[13] 当時の国鉄にとって、「身を切る」改革であったことは確かでした。

「特定地方交通線」という最終宣告

特別措置法では、どう頑張っても単独では収支が合わないとされる国鉄の路線を「地方交通線」として指定することにしました。現在も時刻表の巻頭に掲載される路線図に、青いラインで描かれている路線です。地方交通線として指定されたのは一七五線、約一万キロ、当時の国鉄の全路線が約二万キロでしたから、その約半分に及ぶものでした。

ここで重要なのは、地方交通線の中でもバスに置き換えるほうが適当である路線を「特定地方交通線」と指定し、バス等への転換、つまり廃止の手続きを進めることを明記したことです。政令で定めた具体的な指定の基準は「輸送密度四〇〇〇人未満の線区」というものでした。[14]実は、四〇〇〇人という数値にはさしたる理論的根拠はありませんでしたが、これ以上になるとバスの輸送能力を超えることが多いと経験的に判断されたようです。[15]

輸送密度四〇〇〇人未満といっても、路線によってその実際の状況はそれぞれ異なります。そこで転換の手続きは三段階に分けて行うことになりました。まず輸送密度二〇〇〇人未満というかなり閑散度の高い路線のうち、第一次線として三〇キロ以下の盲腸線を選定します（合計四〇線区、七二九・一キロ）。廃止しても比較的影響の少ない路線から突破しようとしたのです。

国鉄全線完乗を目指していた宮脇俊三は、一九七七年四月、後に第一次線に選定されることになる福島県の日中線の終着駅熱塩を訪れ、最終の上り列車に乗り込みます。

上り列車の客は一人もいなかった。車掌は駅灯を消すと、熱塩駅は化物屋敷のようになった。駅ごとに車掌が荒れ果てた駅舎の電灯を消しては発車する。電灯を消すために停車するようなものである。[16]

この当時、日中線の列車は一日わずか三往復。「日中は一本も運転されないのに日中線」と揶揄される有様でした。第一次線に指定されるようなローカル線の中には、すでに公共交通機関としての役割を終えた路線が含まれていたことは確かです。

第二次は、残りの輸送密度二〇〇〇人未満の路線です。これは三一線で、路線長は二〇〇〇キロにも及びました。そして第三次は、輸送密度四〇〇〇人未満という、ローカル線としては相対的に輸送密度の高い路線です。こちらは一二線で三三八・四キロと路線長もさほどのものではありません。こうしてみると、最初から焦点は第二次線にあったと見ることができます。

具体的な転換のプロセスは次のようなものでした。国鉄が特定地方交通線を選定し、地元の知事に通知をします。通知を受けた知事は運輸大臣に意見を提出することはできますが、拒否権はありません。線区ごとに特定地方交通線対策協議会会議を開催して、具体的な転換方法を協議することになります。注意が必要なのは、対策協議会会議は路線の存廃について協議するのではなく、廃止を前提とした上で、どのようにバス等に転換するかの進め方について協議するための場であるということです。ですから、いったん協議会会議を開いてしまえば、廃止に向けてのプロセスが進みはじめることになります。

転換の対象となった路線を抱える地域の反応は、さまざまでした。たとえば、第一次で県内で二線(赤谷線、魚沼線)が対象となった新潟県は、早い段階で協議会会議の開催に応ずる態度を示しました。これに対して、数多くの路線が指定された北海道の反応は対照的でした。当初の地元の反応は、廃止対象があまりにも多すぎて実感がわかないというものだったようです。ところが、かつての赤字八三線区の時とは違って、今度ばかりは政府も国鉄も本気で廃止するつもりだとわかると、激しい反発が巻き起こります。[17] 多くの自治体は、協議会会議が開催されると廃止に向けてのプロセスが進みはじめてしまうことをよく理解していたので、会議の開催に応じないことで抵抗しました。[18]

ただし、宮古、盛《さかり》、久慈《くじ》線の三線がある岩手県の地元各自治体は、例外的にはやばやと対策協議会の開催に応じています。[19]というのも、この時すでに、地元自治体や企業が出資する第三セクターとして三陸鉄道株式会社を設立し、長年の悲願であった三陸縦貫鉄道を完成させる方向が固まっていたからです。

その後次第に、他の自治体でも協議会会議の開催に応じる動きが見られるようになります。[20]ここで、特別措置法が「見切り発車条項」を設けていたことが効いています。この条項は、二年間協議が整わなかった場合には、国鉄は有無を言わせず廃止を進めるというものでした。昭和四〇年代に頓挫した赤字八三線区問題の轍は決して踏まない、今度ばかりは地方の抵抗を押し切ってでも転換を進めるという決意の表れです。当初は協議会会議の開催に応じないという強硬な姿勢を示した自治体も、次第に開催受け入れに追い込まれることとなりました。

白糠線　1972年、上茶路・北進間開業当時。朝日新聞フォトアーカイブ

その最初の事例となったのが、北海道の根室本線白糠《しらぬか》駅から北進までの約三三キロを結んでいた盲腸線である白糠線です。開業前から赤字は必至であるとして国鉄が渋り続けていたという曰くつきの路線で、しかも、主な需要として想定されていた沿線の炭鉱は早々に閉山となり、一日三往復の列車が運行されるだけの超閑散路線となっていまし

た。それでも、第一次特定地方交通線に選定されると、白糠町長を会長とする「国鉄白糠線を守る会」が結成され、当地では反対運動が沸き起こります。協議会会議を開催しないという抵抗も行われました。しかし、「見切り発車条項」の効果はてきめんで、最終的に白糠町は「悪法も法、守らねばならぬ」という姿勢に転換しました。[21] こうして白糠線は一九八三年一〇月、特定地方交通線のトップを切って廃止、バス転換されることとなりました。

一九八二年には、国の財政再建を議論する第二次臨時行政調査会が、国鉄を民営化すべしとの答申を出します（詳しくは後述）。ローカル線どころか国鉄そのものの存在が揺らぎはじめた時勢の中で、各自治体は雪崩を打ったように協議会開催に応じはじめました。二二線区がバスへ転換され、一八線区が第三セクター等の別会社が運営する鉄道路線へと転換（後に鉄道廃止となった路線を含む）されました。

鉄道敷設法体制の終焉

続いて課題となったのが第二次特定地方交通線です。輸送密度が極端に低い盲腸線ばかりであった第一次とは異なり、長大で優等列車も走る線区が含まれる上に、路線長は二〇〇〇キロを超える規模の第二次線の転換にあたっては、さらに大きな波乱が予想されていました。

とりわけ大きなインパクトがあったのは北海道です。選定された一四路線は道内全路線の約三割、関係する市町村は六九にも及びました。[22]「見切り発車条項」を突きつけられた地元関係者は追い詰められ、横路孝弘《よこみちたかひろ》北海道知事が細田吉蔵《ほそだきちぞう》運輸大臣に「北海道の実情などに配慮」し「特段の配慮」を求める事態となります。[23] 横路が強く訴えたのは長大四線（名寄《なよろ》、池北《ちほく》、天北《てんぽく》、標津《しべつ》）の特殊性と重要性でした。それぞれ全長一〇〇キロを超え優等列車も運行されるこの四線は、第一次線のような盲腸線と異なり、北海道の鉄道ネットワークを維持するのに不可欠であることを強調したのです。

一九八四年六月二〇日、運輸省は第二次線の廃止手続きを承認しましたが、その際、横路が求めた

表4　特定地方交通線の転換状況［第一次特定地方交通線］

道県名	路線名	営業キロ	転換形態	転換日	備考
青森	黒石線	6.6	鉄道	1984.11.1	その後廃止
青森	大畑線	18	鉄道	1985.7.1	その後廃止
秋田	角館線	19.2	鉄道	1986.11.1	
秋田	矢島線	23	鉄道	1985.10.1	
岩手	久慈線	26	鉄道	1984.9.1	
岩手	盛線	21.5	鉄道	1984.9.1	
岩手	宮古線	12.8	鉄道	1984.9.1	
宮城・福島	丸森線	17.7	鉄道	1986.7.1	
千葉	木原線	26.9	鉄道	1988.3.24	
岐阜・富山	神岡線	20.3	鉄道	1984.10.1	その後廃止
岐阜	明知線	25.2	鉄道	1985.11.16	
岐阜	樽見線	24	鉄道	1984.10.6	
滋賀	信楽線	14.8	鉄道	1987.7.13	
兵庫	北条線	13.8	鉄道	1985.4.1	
兵庫	三木線	6.8	鉄道	1985.4.1	その後廃止
鳥取	若桜線	19.2	鉄道	1987.10.14	
福岡・佐賀	甘木線	14	鉄道	1986.4.1	
熊本	高森線	17.7	鉄道	1986.4.1	
北海道	相生線	36.8	バス	1985.4.1	
北海道	岩内線	14.9	バス	1985.7.1	
北海道	興浜北線	30.4	バス	1985.7.1	
北海道	興浜南線	19.9	バス	1985.7.15	
北海道	渚滑線	34.3	バス	1985.4.1	
北海道	白糠線	33.1	バス	1983.10.23	
北海道	万字線	23.8	バス	1985.4.1	
北海道	美幸線	21.2	バス	1985.9.17	
福島	日中線	11.6	バス	1984.4.1	
新潟	赤谷線	18.9	バス	1984.9.1	
新潟	魚沼線	12.6	バス	1984.9.1	
静岡	清水港線	8.3	バス	1984.4.1	
兵庫	高砂線	8	バス	1984.12.1	
鳥取	倉吉線	20	バス	1985.4.1	
徳島	小松島線	1.9	バス	1985.3.14	
福岡	香月線	3.5	バス	1985.4.1	
福岡	勝田線	13.8	バス	1985.4.1	
福岡	添田線	12.1	バス	1985.4.1	
福岡	室木線	11.2	バス	1985.4.1	
福岡	矢部線	19.7	バス	1985.4.1	
大分・熊本	宮原線	26.6	バス	1984.12.1	
宮崎	妻線	19.3	バス	1984.12.1	

表5　特定地方交通線の転換状況［第二次特定地方交通線］

道県名	路線名	営業キロ	転換形態	転換日	備考
北海道	池北線	140	鉄道	1989.6.4	その後廃止
秋田	阿仁合線	46.1	鉄道	1986.11.1	
福島	会津線	57.4	鉄道	1987.7.16	
茨城・栃木	真岡線	42	鉄道	1988.4.11	
群馬・栃木	足尾線	46	鉄道	1986.3.29	
静岡	二俣線	67.9	鉄道	1987.3.15	
岐阜	越美南線	72.2	鉄道	1986.12.11	
三重	伊勢線	22.3	鉄道	1987.3.27	
山口	岩日線	32.7	鉄道	1987.7.25	
長崎・佐賀	松浦線	93.9	鉄道	1988.4.1	
宮崎	高千穂線	50.1	鉄道	1989.4.28	その後廃止
北海道	胆振線	83	バス	1986.11.1	
北海道	歌志内線	14.5	バス	1988.4.25	
北海道	標津線	116.9	バス	1989.4.30	
北海道	士幌線	78.3	バス	1987.3.23	
北海道	瀬棚線	48.4	バス	1987.3.16	
北海道	天北線	148.9	バス	1989.5.1	
北海道	富内線	82.5	バス	1986.11.1	
北海道	名寄本線	143	バス	1989.5.1	
北海道	羽幌線	141.1	バス	1987.3.30	
北海道	広尾線	84	バス	1987.2.2	
北海道	幌内線	20.8	バス	1987.7.13	
北海道	松前線	50.8	バス	1988.2.1	
北海道	湧網線	89.8	バス	1987.3.20	
福岡	上山田線	25.9	バス	1988.9.1	
福岡	漆生線	7.9	バス	1986.4.1	
福岡・佐賀	佐賀線	24.1	バス	1987.3.28	
鹿児島・熊本	山野線	55.7	バス	1988.2.1	
鹿児島・宮崎	志布志線	38.6	バス	1987.3.28	
鹿児島	大隅線	98.3	バス	1987.3.14	
鹿児島	宮之城線	66.1	バス	1987.1.10	

長大四線の廃止を「保留」することを決めました。運輸省としては、抵抗の強い北海道の長大路線については一時的に転換のプロセスを猶予して問題を先送りすることで、地元世論の変化を待つつもりだったとも言われています。[24]

ですが、北海道の政治家たちは、「(四線に松前線を加えて)五線も残せたのは懇談会の力だ」[25](高橋《たかはし》辰夫《たつお》衆議院議員、北海道四区［当時］選出）といったように、「保留」とは廃止の回避を意味するものと受け止め、その成果を誇りました。しかし運輸省、国鉄サイドはあくまでも一時的に保留したという認識であり、時機が来れば転換プロセスを再開するという腹積もりでした。

北海道の第二次線の中には、国鉄分割民営化の時点まで存続し、ＪＲに引き継がれた路線もありました。しかしそれらもＪＲ化後には転換手続きが進み、最終的に北海道の特定地方交通線は、池北線を除いてそのすべてがバス転換されることとなります。

表6　特定地方交通線の転換状況［第三次特定地方交通線］

道県名	路線名	営業キロ	転換形態	転換日
山形	長井線	30.5	鉄道	1988.10.25
石川	能登線	61.1	鉄道	1988.3.25
愛知	岡多線	19.5	鉄道	1988.1.31
京都・兵庫	宮津線	83.6	鉄道	1990.4.1
高知	中村線	43.4	鉄道	1988.4.1
福岡	伊田線	16.2	鉄道	1989.10.1
福岡	糸田線	6.9	鉄道	1989.10.1
福岡	田川線	26.3	鉄道	1989.10.1
熊本	湯前線	24.9	鉄道	1989.10.1
兵庫	鍛冶屋線	13.2	バス	1990.4.1
島根	大社線	7.5	バス	1990.4.1
福岡	宮田線	5.3	バス	1989.12.23

第三次特定地方交通線は、比較的輸送密度が高い路線が多かったことから、大半は第三セクター鉄道に転換し、バス転換されたのは鍛冶屋《かじや》線（兵庫県）、大社《たいしゃ》線（島根県）、宮田《みやだ》線（福岡県）の三線にとどまりました。残った路線は暫定的にＪＲが受け継ぎ、その後も転換を進められ、一九九〇年までに特定地方交通線全線の転換が終了しました。

こうして、三次にわたる特定地方交通線の整理によって多くのローカル線が廃線となりました。その多くは、大正時代に制定された改正鉄道敷設法に基づいて整備されたものです。特定地方交通線の廃止は、かつて日本の鉄道ネットワークのグランドデザインであった鉄道敷設法体制が、徐々に崩れていく過程でもあったのです。

消えるヤード、活性化する地域輸送

「後のない計画」のもう一つの目玉は、貨物の大幅削減でした。スト権スト後に輸送量低下が顕著なものとなってしまうと、設備投資をすればV字反騰するといった、かつて昭和四〇年代に唱えられたような楽観論は影を潜めます。一九七八年一〇月のダイヤ改正では、貨物駅が統廃合され、貨車は一二万両から一〇万両まで削減されていました。[26] しかし、もはやその程度の規模縮小にとどまることは許されない状況となっていました。

そして一九八四年二月のダイヤ改正では、ついに国鉄は貨物におけるヤード集結輸送方式の廃止を決行します。何度も操車場で中継しながら目的地へと向かうという、長らく続けられてきたシステムが、もはや維持できなくなったのです。操車場を経由せずに目的地に向かう直行輸送や、コンテナ輸送に全面的に切り替えていくことが決断されました。

ヤードシステムを放棄するということは、「全国どこへでも貨物を輸送する」という体制の維持をあきらめることを意味します。以降は、需要のありそうな区間でだけ貨物列車を運行することになります。[27] その結果、このダイヤ改正では貨物列車の本数が一挙に半分近くに減ったのです。[28] 旧来の輸送システムは姿を消し、[29] 貨物の拠点となってきた新鶴見操車場のような各地の巨大操車場も廃止することになりました。このダイヤ改正後、全国の旧操車場では余剰となった大量の貨車が並ぶという光景が広がりました。

貨物列車が減少したことは、国鉄にとってただネガティブなばかりではなく、思わぬ副産物をもたらしました。幹線の線路容量に余裕が生じたのです[30]。その余裕をつかって、普通列車を増発することが可能となりました。これまでたびたび繰り返してきたとおり全国ネットワークを担うことを最大の使命としてきた国鉄は、多くの幹線において貨物列車や優等列車を優先して走らせていました。その反面で、名古屋や広島、仙台といった地方の大都市周辺であっても、地域内の利用客向けである普通列車は一時間に一本程度しか運行できていなかったのです。しかし貨物列車が減り、また旅客においても航空交通や高速道路の整備が進んだことで中長距離の輸送はシェアを落とし続けていました。優等列車の数も減ったことで、各地方都市の周辺での普通列車を大幅に増発する、都市型ダイヤの導入が可能となったのです[31]。

貨物・優等列車の減少と普通電車の増発は、都市圏輸送において国鉄が反転攻勢をかける基盤となりました。後で触れるように、ＪＲが力を注ぐ分野の一つが地域輸送です。その基礎はスト権スト後の国鉄の最後の一〇年間に形づくられたと言うことができるでしょう。

2　分割民営化への道

土光臨調と「三人組」の蠢動

一九八一年三月、政府は「増税なき財政再建」のスローガンの下、第二次臨時行政調査会（第二臨調）を発足させました。会長となった土《ど》光敏夫《こうとしお》の名前から「土光臨調」と呼ばれるようになります。この臨調において行政の整理と財政の再建を検討する中で、官業（国鉄・電電公社・専売公社）の民営化が大きな課題として浮上しました。中でも、ひときわ膨大な要員を抱え、巨額の赤字を垂れ流し続ける国鉄の存否は最大の論点となります。そうして、国鉄の分割民営論が一つの選択肢として唱えられることとなりました。

当初の政府や自民党では、さしあたっては経営改善計画つまり「後のない計画」の成否を見て、それから国鉄のあり方を決めればいいという、「出口論」が大勢を占めていました。しかし臨調での議論が進むと、国鉄が策定した経営改善計画はずさんであり実効性が疑わしい、これ以上傷口が広がらないうちにさっさと民営化してしまうべきだという「入口論」が台頭しました。

入口論を唱える臨調の関係者は、瀬島龍三《せじまりゅうぞう》（財界人）や加藤寛《かとうひろし》（経済学者）、屋山太郎《ややまたろう》（政治評論家）といった面々であり、国鉄の業務に精通していたわけではありません。しかし、国鉄内部にも、「後のない計画」では本当に後がなくなる、つまり経営改善計画はうまくいかないと考える人々がいました。

経営改善計画を策定した際の経営計画室のメンバーであった葛西敬之《かさいよしゆき》は、このままでは借金は増える一方で、国鉄は「早晩のたれ死にする」と考えていました。[32] 実際、その後の国鉄は、経営改善計画で毎年政府から数千億円の補助金を受け取りつつも、一兆円以上の赤字を出し続け、長期債務は二五兆円を超える状態に陥っていきます。[33]

葛西は国鉄内で思いを同じくする井手正敬《いでまさたか》、松田昌士《まつだまさたけ》らとともに、彼らの危機感を政治に直接訴えようとしました。一九八一年一一月、葛西は人を介して「運輸族」の一人であった衆議院議員三塚博《みつづかひろし》

葛西敬之（右）　1989年、当時ＪＲ東海常務。共同通信社
井手正敬（中）　1976年、当時国鉄広報部次長。『国鉄線』（31-9、1976年）
松田昌士（左）　1989年、当時ＪＲ東日本常務。朝日新聞フォトアーカイブ

に面会し、「後のない計画」の実情を述べたのです。[34]

井手、松田、葛西の三人は分割民営化で主導的な役割を果たし、後に「三人組」と呼ばれるようになります。しかし、井手、松田の二人は当初、民営化はともかく分割については必ずしも積極的ではなかったといいます。[35]それに対して彼らよりも年若い葛西こそが、分割民営化まで引っ張っていった中心人物でした。葛西は後年、安倍《あべ》政権のフィクサーとも言われ、政財界に大きな影響力を持つようになりましたが、このときすでにその力を発揮しはじめていたのです。

三塚に面会した葛西らは、マル生運動失敗以降、国労をはじめとする労働組合の力がいびつなまでに強くなり、労働現場の規律が崩壊しているということを訴えました。高木総裁をはじめとする国鉄首脳陣は、労使関係は改善しつつあると政府・与党に説明していましたが、実情はそうではないと証言したのです。彼ら三人は、「国労よりこわいものがあるということを、自民党が示してくださること」[36]を望んでいました。

三塚博　1991年5月。講談社

三塚博の抜き打ち視察

「三人組」の直訴と相前後して一九八二年の年明けごろから、新聞などで国鉄職場の荒廃が盛んに報道されるようになりました。そして三月一八日朝、三塚博をはじめとする自民党の政治家たちが、甲府駅を抜き打ちで視察します。三塚は二月に党内に置かれた国鉄再建に関する小委員会の会長を務めていました。

そこで彼らは「職員は私服のままの者あり、腕組みした者あり、楊枝を使う者あり、タバコを吸う者ありで、まるで勝手放題」、駅構内は「まるで組合事務所の観」を呈している様を目の当たりにします[37]。

三塚らによる現場視察は新聞などにも取り上げられ[38]、国鉄の現場の状況を広く伝えることになりました。この一九八二年前半は、機関士の酒酔い運転により寝台特急が事故を起こすといった不祥事が続発し、メディアでは国鉄への批判が盛り上がりを見せます[39]。さらに、臨調の委員を務める屋山太郎が「国鉄労使『国賊』論」[40]、同じく加藤寛が「国鉄解体すべし」[41]を雑誌で発表するに至り、日本中に「国鉄ダメ論」の大合唱が巻き起こったのでした。

こうした世論の後押しを受けた臨調は、一九八二年七月に「国鉄は五年以内に分割民営化すべき」

との答申を行い、[42] 九月には鈴木善幸《すずきぜんこう》内閣がその臨調答申に従って「五年以内に事業再建の全体構想を設定しその実現を図る」とする行政改革大綱を閣議決定しました。そして一一月には行政管理庁長官として土光臨調発足を主導した中曽根康弘《なかそねやすひろ》が「戦後政治の総決算」を掲げて総理大臣に就任します。

国鉄分割民営化への道筋は複雑であり、以降も実施に至るまではなお紆余曲折があります。しかし、甲府駅の「抜き打ち視察」は「政府与党および国民のコンセンサスを形成する発火点[43]」となったことは確かです。そしてそれを主導した三塚博の役割は大きいものであったと言えるでしょう。

「国体護持派」の抵抗

一九八三年六月、政府は国鉄再建監理委員会を設置します。その趣旨は「効率的な経営形態」について審議することでしたから、最初から分割民営化を明確に目指していたわけではありません。この時点では「出口論」はまだ力を保っていたのです。

こうした状況の中、一九八三年一二月に高木文雄が任期の途中で総裁を辞職します。民営化に及び腰とされ、運輸省や自民党の運輸族などから「赤字国鉄の管財人として不適格」などと、交代を求める声が挙がっていた中でのことでした。[44] そして高木に代わって総裁となったのが、後に日本の鉄道経営体制四〇年周期説を唱える仁杉巖です。仁杉は、国鉄常務理事を退任後、西武鉄道副社長などを経て、当時は鉄建公団総裁を務めていました。国鉄OBでありながら私鉄での経験もある上に、国鉄民営化に前向きと見られていたことで、中曽根の目に留まったとも言われています。[45]

このとき仁杉は、従業員三〇万人以上、北海道から九州までを一人の総裁が掌握するのは現実的に

仁杉巖　『日本鉄道施設協会誌』(25-10、1987年)

は無理があるという理由から、国鉄は分割するべきと考えていました。ですが実は民営化については必ずしも積極的ではありませんでした[46]。政府の思惑とは異なり、仁杉はかならずしも分割民営化を是とはしていなかったのです[47]。そうした立場の総裁の下、俗に「国体護持派」と呼ばれた分割民営化に否定的な勢力が、国鉄内部の主流を占めていました。彼らは、いまだ運輸族の政治家は「出口論」をとっていると考えていました。

ところが一九八四年七月、その運輸族の中心人物である三塚博が『国鉄を再建する方法はこれしかない』という著書を発表しました[48]。その内容は、速やかな国鉄分割民営化の推進を唱えるものです。ここに三塚は「入口論」への転換を明確に表明したのでした。この三塚の態度変更は、「出口論」を信じていた国鉄内部に衝撃を与えました[49]。

なお、三塚は一九八五年に運輸大臣として初入閣し、八六年に『さらば国有鉄道』という著書を発表するなどしながら国鉄改革を主導するようになります。こうして見ると三塚は「国鉄をネタにして」出世したと見ることもできます。しかし国鉄問題の決着は、三塚が「利用者国民に対して高負担か、それともサービスの切り下げかの選択を求めることにほかならない[50]」と認識していたように、国民の痛みを伴なうことが不可避でした。つまり、票に直結するとは言い難い側面があることも事実です。その後の三塚は外務大臣、大蔵大臣や自民党政調会長、幹事長などの要職を歴任し、たびたび首相候補とされましたが、結局は首相の座に就くことはありませんでした。

さて、三塚が入口論への転換を表明したその月の一九八四年七月、臨調は最終答申においてあらためて国鉄分割民営化を求めます。外濠が埋められた国鉄「国体護持派」は、入口論に対する対案を示す必要に迫られました。一九八四年秋に国鉄独自の改革プランの策定に着手したのです。

一九八五年一月に発表された「基本方策」と称するその改革案は、一九八七年をめどとして全国統一的な特殊会社に移行するというものでした[51]。これには「なんとか食いつないでいくという観点から作られたものであり、そこには、十年先、二十年先の将来を展望した、経営者としての責任感が全く欠落している[52]」などと指弾されたほか、この時にはすでに分割民営化の方針を固めていた国鉄再建監理委員会による批判も受けました。実はこの基本方策は、状況によっては北海道、九州、四国の経営分離も検討することを容認するなど、分割案に真っ向から挑戦するものではありませんでした。しかし、こうした微温的な姿勢はかえって危機感が足りないという批判を呼ぶことにもなってしまいました。

追い詰められた「国体護持派」は、田中角栄にすがろうとしました[53]。整備新幹線やローカル線の建設に積極的であった田中は、国鉄による「基本方策」にも理解を示していたともいいます。この時期、田中はロッキード事件で訴追されてはいましたが、自民党における最大派閥を維持し、依然として政界に強い力を持ち続けてきました。しかし、それまで田中派に属していた竹下登《たけしたのぼる》が自身の派閥である創政会を立ち上げ、自立の姿勢を明確にします。子分の裏切りにストレスを溜め酒量の増えた田中は倒れ、政治生命を絶たれることとなりました[54]。その結果、田中を通じて分割民営化を阻止しようとする目論見は潰えたのです。

終幕

国鉄改革をめぐっては、冷静な議論というより国鉄内外の当事者たちの感情的対立が目立つような状況になってしまいました。具体的なプランを検討する以前に、国鉄の言うことだからだめという先入観で見られるようになってしまっていたのです。しかし国鉄としては、膨大な借金を棚上げするためには政府の力を借りることは必須でした。国鉄幹部と再建監理委員会が対立している状態では、話が先に進まないのです。そこで仁杉は「国鉄改革を成功させるためには、国鉄常務会の改革反対者を排除する以外に方法がない」と考えるようになりました。国鉄首脳陣の顔ぶれを入れ替えることで、事態の打開を図ろうとしたのです。

曲がりなりにも総裁は役員以下の人事権を持っていましたから、制度的には反対派を罷免すればよいだけなのですが、そうはいかなかったところに当時の国鉄の難しさがありました。繰り返される値上げなどを通じて、各理事たちは国会議員とのパイプを持つようになっていました。総裁が人事権を無理に行使すれば、政治の介入を招くことは避けられなかったのです。そこで仁杉は「私が辞任して、それを理由に役員から辞表を出してもらう」ことを思いついたと言います。いきなり辞めてくれというのではなく、総裁が辞職するので役員も一緒に辞表を提出するというのなら、角が立たないというわけです。[55]

この話は仁杉自身による後からの回想なので、どの程度客観的な事実であったかはわかりません。

実際には、分割民営化に煮え切らない態度を示し続ける仁杉を中曽根が切っただけとも考えられます。[56] しかしいずれにせよ、執行部の大半を入れ替えることで、国鉄内部の雰囲気が分割民営化に前向きに取り組むように一変したことは確かでした。

そしてついに国鉄再建監理委員会は、国鉄を民営化して六つの旅客会社と一つの貨物会社に分割するという最終答申をまとめます。それが発表された一九八五年七月二六日、すでに中央公論社を退職し専業の作家となっていた宮脇俊三は、編集者とともに東北本線の旅の途にありました。


「今日は奇しくも七月二六日、どういう日か知ってますか」

「七月二六日？　なんの日ですか？」

「国鉄再建監理委員会の答申が出る日です」

「はあ」

「内容はすでにわかっています。国鉄を民営とし、六つの鉄道会社に分割するという答申です」

「そうすると、どうなるのですか」

「わかりません。分断されると何かと不便になるような気がするけど」

「そうでしょうね」

「それに、大量の人員整理もおこなわれるらしい」

「大手術ですね」[57]

国鉄が誕生して八〇年近い年月が経っていました。当時の多くの人々にとって、それはあたりまえに存在していたものでした。国鉄が分割民営化されることでどのような事態が出現するのか、国鉄がない社会とはどのようなものなのか、具体的に想像するのは難しかったのでしょう。

最終答申が出たことで、政府はいよいよ分割民営化に向けて動き出すことになりました。一九八六年に国鉄改革関連八法案を国会に提出し、一九八七年三月、ついに国鉄は終焉の時を迎えたのです。[58]

仁杉の後は、運輸事務次官を務めた杉浦喬也が国鉄総裁に就任しましたが、その役割はすでに国鉄の運営ではなく、分割民営化の実行に移っていました。国鉄という組織に引導を渡す役割を果たしたのは仁杉でした。さらに言えば、歴代の国鉄総裁で最後まで存命であったのも仁杉であり、彼こそが「最後の国鉄総裁」だったと言えるでしょう。

選択と集中

一九八五年七月の再建監理委員会による最終答申は、次のように国鉄改革の目的を説明しています。

国鉄事業が健全な姿で再生し、活力ある経営の下でその人材と財産の持っている能力と価値が遺憾なく生かされ、鉄道事業の公益性が真に発揮されるように（する）[59]

鉄道事業の公益性を発揮するためにこそ、国鉄改革の目的があるとします。その上で、将来的にも鉄道が主要な役割を果たしていく分野を次のように絞り込みます。

①中距離都市間旅客輸送
②大都市圏旅客輸送
③地方主要都市における旅客輸送[60]

①は新幹線と在来線の特急列車を中心とするもので、「ヨン・サン・トオ」以降に進めてきた高速列車網を生かすことです。②は東京を中心とする大都市の通勤通学輸送ですが、こちらも「五方面作戦」による輸送力増強が進んできていました。③は一九八〇年代以降、幹線の貨物列車が減ることで、普通電車を地方都市圏で増発できるようになったことで可能になったものです。

この三つの分野はいずれとも、国鉄の経営が傾き続ける中にあって着々と力をつけてきたものです。これら有望な分野に「選択と集中」を進めていくという方針であると言えるでしょう。

ここに含まれない貨物については、大量輸送や長距離コンテナ輸送の分野において相応の役割を果たしていくというように、付け足しのように言及されています。また、これも含まれていない地方ローカル線については、「今のうちに分割・民営化という抜本的な改革を行えば、地域と一体となった活力ある経営が行える結果、鉄道を地域住民の足として再生し、残していくことが可能となる[61]」としています。

なぜ、いかに「分割」するのか

国鉄再建監理委員会の委員長代理を務めた加藤寛は、国鉄が「国有・国営の甘えにより自主決定権が欠如し」、「外部干渉、責任の不明確化、労使関係の異常を生んだ」[62]として民営化の必要性を説明しています。その上で「人事権、財政権、経営方針決定権が分権できない以上、効率は発揮できない」。従って「全国一元の中央集権システムでは民営活力はとても生かせ」[63]ない、「新しい交通需要に機動的に対応していく経営は、できるかぎり小単位の民営会社でなければならない」[64]として、分割も必須であることを強調しました。

分割が必要とされた背景は次のようなものです。ひとつは、ここまで見てきたとおり、国鉄はすでに全国一元的なネットワークを担う存在ではなくなっており、以降はむしろ地域の実情に応じた鉄道経営のほうが重要になるということです。それには国鉄のような小まわりの利かない全国一元の経営は不向きなので、地域ごとに分割して地域の交通に特化させようとしたわけです。

地域の実情に応じて分割するといっても、どの程度に分けるのかということは大きな課題です。まず考えられるのが、東日本と西日本の二つに分割するというものです。実際、電電公社を民営化して誕生したNTTは、その後東西の二つに地域分割されています。しかし国鉄の場合、再建監理委員会は二分割案を採りません。二分割にすると、北海道、四国、九州という経営的に厳しい三つの島は、それぞれ本州の会社と一緒になりますが、そうすると「それぞれ自立するという考え方がなくなって、本州に助けてもらおうという考え方が強く」[65]なるというわけです。再建監理委員会は北海道、九州、四国の三島でも「効率性を発揮すれば、赤字幅を大きく削減できる」[66]と考えていましたから、それぞれ独立させるべきだとしたのです。

本州をどう分けるかは難しい問題だったようです。そうした中で浮かんできたのが、新幹線の運転系統ごとに分割するという案でした。つまり、東海道新幹線、山陽新幹線、上越新幹線、東北新幹線で基本的に分けるというものでした[67]。東海道新幹線と山陽新幹線は相互に直通していますが、両者の境界である新大阪を境にして、需要がはっきりと分かれていますから、東海道と山陽で経営が分かれるのは妥当と言えます。

その論理に従うならば、上越（甲信越）と東北とで会社を分けるというのが、本来は望ましかったのかもしれません。しかし、大宮から上野（当時のターミナル）までの区間、東北と上越とで同じ線路を共有していたため、両者を分けることは困難と判断されたようです。こうして誕生することになったのが東日本会社でした。上越新幹線はもともと新宿をターミナルとすることが予定されていたので[68]、そのとおりに実現していたら上越会社と東北会社に分かれていたのかもしれません（しかしそうすると、今度は首都圏をどう分けるかといったことが問題とはなりますが）。

一方、貨物は旅客と違って全国一社とすることになりました。輸送距離が長く、多くの列車が、旅客会社のエリアを跨いで運行されていることが理由でした[69]。基本的に貨物会社は線路を保有せず、各旅客会社の線路を借りて運行することになったのです[70]。こうして、旅客六社、貨物一社を基軸とするJR体制が固まりました。

全国ネットワークの完成

ところで、国鉄最後の大事業となったのが、青函トンネルと瀬戸大橋の開通です（開業はＪＲ発足後）。特に青函トンネルは難工事の末に完成したものでした。これで、戦時中に既に開通していた関門トンネルと合わせて、本州と九州・四国・北海道が鉄道でつながるようになったのです。

皮肉なことに、国鉄の全国ネットワークが解体された直後に、ハードとしての鉄道は全国ネットワークを完成させたのです。青函トンネルは北海道、瀬戸大橋線は四国とそれぞれ分割され、ＪＲが所管することになりました。地域輸送よりは、本州と北海道、四国との広域的な連絡を担うというその建設の経緯から、否応なく国土交通の基幹ネットワークの一端を担うことを宿命づけられていました。[71]

エピローグ　ＪＲ以後（一九八七―）

「国有鉄道」ＪＲ

一九八七年四月にＪＲが発足しました。それ以降のことは現在進行形の問題でもあり、歴史として扱うにはまだ機が熟していません。そこでここでは、国鉄から引き継いできた経営体制や枠組みにテーマを絞って、その後について簡単にまとめていきたいと思います。

民営化したといっても、当初は国がすべての株式を持っていましたから、実のところ発足当時は「国有鉄道」のままでした。また、株式会社と言ってもＪＲ会社法に基づいた特殊会社だったので、組織や経営などさまざまな局面で政府の関与を受ける仕組みになっていたのです。条件が整った会社から逐次株式を上場して、純民間会社に移行するという枠組みだったわけですが[1]、そこに至るにはかなりの時間を要するだろうと見られていました。ところが、ふたを開けてみると、民営化後の一〇年で輸送量が約二三％増えるなど[2]、各社とも好調な経営ぶりを見せました。

分割民営化に際しては、各方面からその意義や前途に対して不安や疑念の声が上がっていました。ここでは、その代表的なものをとりあげ、実際はどうであったか検証してみましょう。

〈会社ごとの運賃計算となることで、実質的に大幅値上げにつながる〉

少なくともこれまでは杞憂だったと言えます。細かなところではともかく、基本的には国鉄時代と同じように、全国的な運賃制度を維持してきました。国鉄再建監理委員会はJRになっても、数年ごとに値上げが必要と見込んでいましたが、少なくとも本州三社については、消費税分を除いて、JR発足後三〇年以上一度も値上げをせずにすみました。三島会社にしても、値上げは相当抑制されていました。各社独自のシステムや商品が増えてきましたが、基本的な運賃・料金体系は、現在でも国鉄時代のものを踏襲しています。

二〇二〇年代に入ってJR各社は値上げを進めるようになりましたが、それでもいきなり五割値上げといったような国鉄時代の例を思い起こせば、きわめて抑制的なものです。JR各社の経営努力があってのことではありますが、昭和時代後半とは異なり、平成時代をほぼ通じてデフレが続き、経済成長率も物価上昇率も低目に推移してきたことが大きく作用しています。二〇二二年ごろから物価が上昇しはじめており、今後どのようになるか予断を許しませんが、二〇二三年現在では何とか踏みとどまっています。

〈交通ネットワークの破壊につながる〉

分割については旅客の流動の実質的な切れ目で分割するという方針が謳われました。しかし、会社間の境界駅での乗り換えが増えたり、長距離ネットワークが寸断されたりすることが事前に懸念されていました。

近年になって、会社間の境界を越えて運転する列車が減ってきたことは確かです。たとえば国鉄時代には、東京駅から静岡駅まで運転する普通列車は一日に何本もありましたが、現在ではほとんどが東日本・東海の境界である熱海で分割され、静岡まで直通するような列車は一本もありません。かろうじて沼津までの直通が残っているくらいです。東海と西日本の境界である米原《まいばら》を越えて直通する普通列車は、二〇二三年現在では一本もありません。いずれもＪＲ発足後もしばらくのあいだは直通列車が設定されていましたが、ダイヤ改正のたびに減っていったのです。

こうした状況を見ると、会社が別になることによって乗り換えが増えたことは否定できません。ただし、同じ会社の中であっても乗り換えを強いられることが増えています。これは輸送需要の変化にともなってのことであるとすれば、会社が別になったということだけでは説明できないかもしれません。

また、国鉄時代には、ブルートレインと呼ばれる長距離の寝台特急が何十本も走っており、東京から九州、東北地方といった遠隔地を結ぶ重要な列車として位置づけられていました。ＪＲ発足時にはすでに東海道山陽だけでなく、上越や東北新幹線も開通していましたから、こうした寝台特急列車はかなり衰退していました。それでも東京からの中国・九州方面が九本、上野から東北・北陸方面が八本と、まだまだ数多くの列車が毎夜上野や東京駅から発車していたのです。こうした列車に対しても分割民営化で不便になったり、廃止になったりすることを危惧する声が挙がりました。

現に、こうした寝台特急はほぼ壊滅しました。しかしそれは、分割民営化が主要因だったとは言い難くもあります。新幹線の延伸や航空機路線や高速バスの充実といった事情が基本的に大きく作用したと見るべきでしょう。仮に全国一体の経営を続けていたとしても、そうした環境自体にかわりはなく、同じような結果となったのではないかと思われます。

なお、現在首都圏では地下鉄や私鉄、ＪＲが相互直通運転を盛んに行っており、何社も跨ぐ列車がたくさん運転されています。事業者が異なることが、列車の直通にとって決定的な障害となっているわけではありません。

〈民間企業になると、国鉄がもっていた公共性が損なわれる〉

国鉄時代は「効率性の範囲内で、公共性を達成する」ということになっていました。歯切れが悪い文言ですが、基本的には効率性、利潤の追求を第一に置き、その範囲内で公共性についてもある程度配慮する、といったところでしょうか。しかし、二者択一を迫られた場合どちらを優先させるのか、はっきりしませんでした。だからこそ、地方ローカル線問題はあれほど紛糾したのです。

民営化はその優先順位をはっきりさせたように見えますが、それでも赤字部門は即廃止するという極端なことは行われていません。何をもって「公共性」とするかは難しいところであり、民営であっても「公共交通機関」であることに変わりはなく、実際のところは採算性だけを追求した経営が許されたわけではないと言えます。

とりわけ、本州から切り離されることになった、いわゆる三島会社の経営が厳しいものとなることは、当時から認識されていました。[3]そこで国鉄の長期債務は承継させないとした上で、さらに経営安定基金、いわゆる三島基金を作って、その運用益で赤字を補塡するというスキームが考えられたのです。民営化のねらいは、地域ごとの経営責任の明確化にあり、野放図な内部補助は否定されました。

しかし、三人組の一人である松田昌士も「極論を言ってはいけない」「〔引用者補足：ローカル線への内部補助をまったく否定してしまうと〕玉ねぎの皮をむくように、しんの方までなくなっていく」[4]と述べています。つまり、単体では赤字でも全体としてのネットワークを維持することの必要性も意識されていたのです。

こうして見てみると、ＪＲ体制への移行は、当初危惧されたほどの弊害は生じさせなかったと言えるでしょう。ベストであったかどうかはおくとしても、国鉄分割民営化の枠組みは、鉄道のおかれた状況とさまざまな要請をそれなりに考慮した上での選択だったと言うことができそうです。

残り続ける全幹法と整備新幹線

しかし、三〇年以上が経過した現在は、発足当初と大きく状況が変わったことによるさまざまな課題があることも事実です。その一つ、ＪＲ全体の枠組みに深く関わる問題が新幹線です。

国鉄を各旅客会社に分割する際に、新幹線を軸としたことは先にも触れました。そのコンセプトのもとに東海道＝東海、山陽＝西日本、東北・上越＝東日本、という本州三社の区分けが決まったのです。発足したＪＲ各社は新幹線を軸に、都市間輸送と地域輸送に力を注ぐこととされました。

しかし、ＪＲ各社の主軸となる新幹線の施設はＪＲ各社が保有するわけではなく、新幹線保有機構という別の組織が保有し、各社にリースされるという形をとることになりました。東海道とそれ以外の新幹線は収益に大きな差があるため、ＪＲ東海のリース料を重くすることで、各社間の「収益調整」を行うという仕組みでした。[5]

ところが、ＪＲ各社の経営が予想よりも好調で、株式の上場が現実的になってくると、会社の主要な設備が自社のものではないということが問題視されるようになります。そこで東日本、東海、西日本の各社はそれぞれの新幹線を保有機構から買い取り、自社の資産として保有することになりました。[6] こうして、新幹線とＪＲ各社をめぐる枠組みは決着したかのように見えました。

しかし、新幹線はＪＲ発足時点の路線のまま固定されたわけではありません。国鉄分割民営化の際に、長らく全国の鉄道のグランドデザインを規定し続けてきた鉄道敷設法は廃止されましたが、一九七〇年に制定された全国新幹線鉄道整備法（全幹法）は引き続き、全国に新幹線網を建設していくための基本法規として機能し続けます。整備新幹線の建設は国鉄とともに消えた話ではなかったのです。

整備新幹線についておさらいしておきますと、全幹法に基づいて政府が整備計画を定めた五路線のことです。

北海道新幹線（青森・札幌間）
東北新幹線（盛岡・青森間）
北陸新幹線（東京・大阪間）
九州新幹線（福岡・鹿児島間）
九州新幹線（福岡・長崎間）

　このように整備計画は決定したものの、国鉄はその後経営危機が深刻化し、一九八二年九月に政府は整備新幹線計画を「当面見合わせる」ことを決定しました。その後、国鉄が分割民営化問題に翻弄されている間も、それぞれの地元や自民党関係者などからの凍結解除を求める声は高まり続けていました。そして分割民営化への道筋が固まった一九八七年一月、政府は整備新幹線計画の凍結解除の方針を閣議決定します。東京への一極集中への批判が高まり首都移転や地方の総合開発が叫ばれる中でのことでした。他方ではアメリカとの貿易摩擦により、日本の巨額の経常黒字の是正がもとめられており、地方開発と内需拡大を一挙に解決するプロジェクトとして整備新幹線の早期事業化が位置づけられたのでした。[7]

つきまとう「政治的決定」

　こうして、整備新幹線はふたたび実現に向けて走りはじめるようになりました。しかし、整備する路線自体はすでに決まっていたものの、着工順序や財政負担の配分といった諸条件の調整が必要でした。しかも、それまでの国鉄とは異なり、ＪＲは政府の直接コントロールは受けません。調整のプロセスは、政府・自民党・自治体そしてＪＲ各社の駆け引きをともなう、高度に政治的なものとなりました。

　一九八八年八月、整備新幹線の事業再開に際して合意された内容は、次のようなものでした。

・北陸新幹線高崎・軽井沢間から着工する。

・建設費は、ＪＲ、国、地域がそれぞれ負担する。
・建設は日本鉄道建設公団が担い、完成後はＪＲに有償で貸し付ける。
・並行在来線は廃止する。

こうして一九八九年一月、北陸新幹線高崎・軽井沢間（長野新幹線）の本格着工が決定し、整備新幹線の建設がふたたび始まったのです。この際、国と地方、ＪＲの負担割合を定めた「基本スキーム」も合意されました。[8] なお原則として並行在来線はＪＲから経営を分離するということになりました。[9] ただ、これは法律で決まったことではありません。しかも、法律では整備新幹線の運営主体を「国土交通大臣が指名する法人」と定めており、実は必ずしもＪＲが運営するとも限らない規定となっていました。[10]

また、かつて政治の過度の介入が国鉄の経営をゆがめてきたことへの反省から、ＪＲの負担は「受益の範囲内」に抑えることになりました。そのため、建設は鉄建公団（のちに鉄道建設・運輸施設整備支援機構）が行い、さらには建設費の一部と並行在来線の経営を地元が負担するということになったのです。ＪＲ各社は建設された新幹線の経営を借入金なしで引き受けるという構造です。そして、整備新幹線の建設をどの区間から進めていくかは、地元自治体の意向がカギを握ることになりました。[11]

整備新幹線の事業は、基本的には公設民営の上下分離のスキームです。具体的には鉄道・運輸機構が国と地元自治体の負担で建設し、完成後、ＪＲ各社が借し付け料を機構に対して支払っていきます。ですから、整備新幹線の施設はＪＲが所有するわけではありません。整備新幹線の建設が進んでいくと、ＪＲが所有しない新幹線の施設が増えていくことになるのです。

国鉄分割民営化の大きな目的は、政治の関与を避けることにありました。ＪＲは国鉄時代とは異なり自らの責任において自律的な経営判断ができるようになりましたし、運賃の値上げも国会の承認は必要なくなりました。しかし、全幹法という法律に基づいた新幹線網のグランドデザインと基本的な政策の枠組みは、ＪＲとは関係ないところで決められます。

さらに、着工優先順位や建設方法（最高時速二〇〇キロメートル以上、全線立体交差で踏み切りなしという基準を満たすいわゆる「フル規格」か、その基準を満たさない「ミニ新幹線」か）といった法律が規定しない事柄をめぐって、国と地方自治体、政治家と財務当局などによる政治的な駆け引きが生じがちです。

たとえば、福岡市と鹿児島市を結ぶ九州新幹線鹿児島ルートは、既存の山陽新幹線と接続する博多からではなく、八代《やつしろ》・西鹿児島（現鹿児島中央）間が先行して開業しました。その直接的理由は、工事の難航が予想されたルート上の紫尾山トンネルが先行して着工されたためですが、この決定の背景には熊本で建設を終わらせないという鹿児島側の強い働きかけと、それを受けた政治家の動きがあったと言われています。[12]また、西九州ルート（福岡市・長崎市間）でも、既存新幹線から離れた武雄《たけお》温泉・長崎間が先行して開業しています。このルートでは建設方式と費用負担のあり方をめぐって自治体など当事者の意見が分かれ、二転三転しました。最終的にはフル規格で建設されましたが、新鳥栖・武雄温泉間については地元自治体の合意が得られておらず、二〇二三年現在も全面開業のめどがたっていません。[13]

二〇二三年現在、本州三社と九州の各旅客会社はそれぞれ株式を上場し、JR法に基づく特殊会社から、一般の株式会社、つまり純然たる民間企業になっています。ところがJR各社で主要な役割を果たすようになってきた整備新幹線は、基本的にJRが自らの経営判断で建設しているものではありません。新幹線の整備が進んでその距離が長くなるにつれてJRと政治との関わりも、どうしても深くなっていくという構造となっているのです。

並行在来線という問題

整備新幹線の建設が進むにつれて、並行在来線の廃止ということが次第に大きな問題となってきました。新幹線が開業すると、その路線に並行する在来線は大幅に利用者が減ることが予想されます。そこで新幹線が開業するのと同時に在来線の並行区間を廃止することが、整備新幹線凍結解除の条件として打ち出されました。

地元の反発が激しくなることが予想されたため、新規に新幹線を建設するのではなく代わりに在来線を改良して高速鉄道網とする案（スーパー特急方式）が唱えられることもありましたが[14]、結局は新幹線をつくり並行在来線はJRの経営から切り離すという流れが進んでいくことになります。さすがに路線そのものを廃止することはほとんどなく、JRから地元自治体が出資する第三セクターに移行するという形が多く見られるようになりました。

並行在来線の切り離しは、長野新幹線の開業時に行われた信越本線横川・篠ノ井間から始まり、東北本線盛岡・八戸《はちのへ》間、鹿児島本線八代・川内《せんだい》間、北陸本線直江津・金沢間が新幹線開業とともにJR

から切り離されました。これらの多くはいわゆるローカル線ではなく、長距離の輸送の一端を担う幹線であり、その区間には県庁所在地も含まれています。そしてこれらの路線は、国鉄時代の末期に県庁所在地を中心に都市型ダイヤへの移行が図られてからは、地域交通の中核を担ってきた区間でもありました。国鉄分割民営化の際に唱えられたＪＲの役割の一つに地域交通に力を入れるということがありましたが、そこから次第に外れてきていると言うこともできます。

並行在来線の切り離しは、ある意味でＪＲという体制の性格そのものを変えることになりました。それまで都市間交通や地域輸送の核を担ってきた区間が次々とＪＲの経営から切り離されることで、ＪＲ各社は新幹線の経営会社としての色彩を次第に強めていったのです。

整備新幹線の区間は、最高時速二六〇キロメートルと、東北新幹線や東海道山陽新幹線に比べると低く抑えられています。それでも在来線と比べると二倍以上の高速での運行です。たとえば九州新幹線が開通すると、大阪から熊本くらいまでの移動は、飛行機よりも新幹線を利用することが一般的となりました。つまり整備新幹線の事業が進むことで、ＪＲは地域輸送機関としての色彩を弱め、長距離輸送機関としての役割を強めることとなったのです。かつて国鉄が分割された際には、その背景として国鉄はもはや長距離輸送を担っていないという認識がありました。ところが時を隔てて、それが再び逆転してきているといえます。

なお、国鉄を分割する際に、本州部分については新幹線の運転系統ごとに三社に分けることになったことは、すでに触れたとおりです。ところが整備新幹線の建設が進み、新たな新幹線の路線が増えていくと、その状況も大きく変わっていきます。たとえば、北陸新幹線は開通当初は長野止まりで、その全線がＪＲ東日本の管轄でしたが、二〇一五年に金沢まで延長されると、途中からＪＲ西日本の管轄エリアに入ることになり、上越妙高駅が両者の境界駅となりました。ところが、北陸新幹線の多くの列車はその境界を越えて直通しています。新幹線の運転系統は、ＪＲ各社を切り分ける基準とはもはやいえない状況となっています。

ＪＲ発足時、貨物は旅客とは異なり全国一体のネットワークが維持されました。そして、ＪＲ貨物は基本的には旅客会社の線路を借りて運行することとなりました。こうした場合、通常は設備投資を含むさまざまなコストを含んだ使用料を払います。ところが貨物会社は線路の摩耗や架線の消耗といった最小限のコストのみを考慮して算出された使用料しか払いません。これをアボイダブルコストと言います。[15] この考え方は、国土全体のネットワークを担うという国鉄時代の性格を、ある程度ＪＲが引き継いでいることの反映と見ることができるでしょう。しかし、ＪＲから分離された並行在来線を経営する第三セクター会社にとっては、それを引き継ぐ理由はありません。

東北新幹線の盛岡以北が開業した際、これが大きな問題となりました。この区間にはＪＲ貨物の貨物列車が数多く運転されていたのですが、ＩＧＲいわて銀河鉄道や青い森鉄道といった第三セクターに移管されると、アボイダブルコストではなくフルコストでの使用料が請求されることとなったのです。鉄道貨物の長期低迷が続き経営に余裕がないＪＲ貨物にとっては、これは死活を左右しかねない問題です。そこで政府は、二〇〇二年一〇月に鉄道貨物調整金制度を創設し、フルコストとアボイダブルコストとの差額をＪＲ貨物に補填することにしました。[16]

赤字ローカル線問題の再燃

ＪＲは国鉄の路線を引き継ぎました。その路線の多くは鉄道敷設法に基づいて建設されてきたものです。大正時代に制定された改正鉄道敷設法は、将来の地域の発展のための基盤として、欧米並みの鉄道路線網を形成することをめざしたものでした。

国鉄改革法では、日本国有鉄道の「経営形態の抜本的な改革」、つまり分割民営化の目的を「我が国の基幹的輸送機関として果たすべき機能を効率的に発揮させる」ためとしています。発足当初のＪＲは、鉄道敷設法で建設された路線ネットワークを経営することが前提になっていたと言ってよいでしょう。

国鉄末期には、利用者が特に少ないものは「特定地方交通線」に指定され、バスや第三セクターの路線に転換されていったことは、すでに見たとおりです。そうして赤字ローカル線の問題は、いったん解決したと見られました。そしてＪＲが発足してしばらくの間は、各社とも順調な経営を続けました。

しかし今世紀に入ると、ローカル線の多い三島各社の経営の悪化が目立つようになってきました。もとより北海道を含む三島の経営環境が厳しいものになるということは、国鉄改革時にも認識されていました。そこで、いわゆる三島基金を設定して、基金の投資収益を三社に補塡するというスキームを設定していたのです。しかし、その際に想定されていた収益利回りは年率七・三％、現在の感覚からすればとんでもない高利だったのです。

基金発足直後はバブル経済での高収益が得られる時期もありましたが、一九九〇年代半ば以降は低迷を続ける日本経済の中では、当初想定をはるかに下まわる収益しか得られず、この枠組みが維持できなくなったのでした。国土交通省は逆ざやに対して一定の補助はしたものの、基本的には各社に経営努力を求めるという態度を示します。[17] しかし、三島の経営環境や収益構造を考えれば、そもそも基本的な枠組みの設定に無理があったという指摘もあります。[18]

「北海道の鉄道は民営にはできない」

問題が最初に顕在化したのは、ＪＲ北海道でした。事故の多発という形で、その歪みが世に知られるようになります。二〇一一年五月二七日、トンネル内で脱線した特急列車が火災を起こしたのを皮切りに、ＪＲ北海道の管内では立て続けに事故が発生しました。幸いにしていずれも死者は出ませんでしたが、脱線や火災、信号の誤表示、レール補修の不備など、一歩間違えば重大事故に至るものばかりでした。

さらにその直後には、社長、社長経験者が相次いで自殺するという前代未聞の事態に立ち至ります。彼らが自ら死を選ぶほどに追い込まれたのは、労組の問題が大きかったとも言われていますが、[19] ＪＲ北海道が置かれた構造的な厳しさの犠牲者であったと見ることもできます。

そもそも北海道の地理的社会的条件は、本州とは大きく異なります。本書でも見てきたように、本州の鉄道は当初政府が主導して建設しましたが、そのうち私鉄が多くを占めるようになっていきました。民間企業が経済合理性にのっとって事業をはじめたということは、それだけ鉄道は採算がとれる事業だとみなされていたのです。それは、近代以前から一定の距離で複数の都市が発達してきたという条件があってのことです。

これに対して北海道は、基本的に近代に入ってから開発が始まった土地です。開拓を進めながら次第に「内地」に取り込んでいったわけですが、本州とは別の行政上の位置づけが長らくなされていました。それゆえ、鉄道網のグランドデザインを示した鉄道敷設法においても北海道は対象とならず、のちに北海道鉄道敷設法として別の法律が制定されたのです。一定の距離ごとに都市が発達していた本州以南とは異なり、北海道の鉄道は、石炭輸送を中心に人口の少ない土地に開拓を進めながら鉄道網を展開していきました。加えて、厳しい冬の気象条件も北海道の鉄道にとっては、重荷となりました。

かつて田中角栄は、北海道の鉄道は明治以来ずっと赤字であり続けたが、北海道の開発にとって赤字の何万倍もの貢献をしてきたと考えていました。それ故に「北海道の鉄道は民営にはできない。北海道鉄道公社をつくるべき」[20]と主張したのです。これはすなわち、そもそも北海道の鉄道は収支が合わないものと認識していたということです。しかし、こうした北海道の鉄道が置かれた所与の条件は、官民のあいだで十分に認識されてきたとは言い難いでしょう。

二〇一六年一一月、ＪＲ北海道はついに事業範囲の抜本的な見直し、つまり廃線を視野に入れた方針を発表しました。このままでは「資金繰り破綻は避けられない」という状況に追い込まれたのです。[21]その年のうちに一〇路線一三区間、計約一二三七キロを「当社単独では維持することが困難な線区」と発表しました。一二〇〇キロはＪＲ北海道の路線のほぼ半分に相当します。このうち、特に乗客の少ない留萌《るもい》線深川・留萌間など三区間を廃止・バス転換し、他の線区は「上下分離方式」を含め、今後沿線自治体と協議を進めていくことにしたのです。[22]

いわゆる三島会社でも、ＪＲ九州は上場を果たし、完全民営化を達成しました。しかしローカル線が多いのは九州においても同様であり、かつての国鉄時代の廃線基準を下まわるような状況の路線も少なくありません。また、四国はこれといった大都市もなく、過疎地域を走るローカル線も多いので、九州以上に状況が厳しいことは間違いありません。

二〇二〇年からのコロナ禍による利用者の激減は、赤字ローカル線をめぐる問題を一挙に顕在化させました。三島各社だけでなく、JR東日本や西日本といった本州の各社も、利用者の少ない赤字ローカル線の具体名を公表し、そのあり方について地元の自治体と協議する方針を表明しました。国土交通省は今後の地域交通のあり方に関する有識者の会議を開き、JRと地元自治体などと協議するように求めました[23]。政府が、地域交通のあり方について関与を示すようになったことは一つの画期と言えるでしょう。しかし、鉄道の路線は自治体の境界を跨いでおり、全国の線路とつながってもいます。自治体レベルを超えて、そもそも鉄道のネットワーク全体がどのようにあるべきなのかという、国全体にまたがる問題が、ここに露わになっていると見るべきでしょう。

もうひとつの国鉄、その遺産

ここで注目すべき動きとして、JR東日本や九州が採算の厳しい路線について、BRTと呼ばれる専用道路を走行するバスへの転換を進めていることがあります。これ自体は地域交通の新たな試みとして注目できるものですが、より大きく、JR発足時の枠組みを変えていく可能性がここに示されていると筆者は考えています。

ここで、本書でここまで述べることができなかった、国鉄のもうひとつの大きな側面について見なくてはなりません。ここまで鉄道に絞って歴史を追いかけてきましたが、国鉄は数多くのバス路線も持っていました。

　国鉄がバスを運営するようになったのは、主に改正鉄道敷設法で建設が決められたものの、実際には経営的に引き合いそうもない路線への対応のためでした。その結果、国鉄バスは最盛期の昭和四〇年代前半には全国で一万六〇〇〇キロ以上の路線を持つに至りました。[24] つまり、国鉄は全国最大のバス事業者でもあったのです。これらバス路線はあくまでも鉄道を補完するという位置づけでしたから、国鉄の鉄道路線と通しで切符が買えました。十和田湖を周遊するルートのように鉄道の需要を促進するための路線のほか、建設途上の路線（五新線）やいったん鉄道を敷設したもののバスで代行（白棚《はくほう》線）するために専用道路を走行する路線もありました。

　その後、路線廃止が進みましたが、国鉄分割民営化時点でも一万一〇〇〇キロの路線がありました。これら膨大な国鉄バスの路線は、とりあえずそれぞれの地域ごとに旅客鉄道会社に引き継がれましたが、その後さらに細かな地域ごとにＪＲバス会社として、順次独立していきました。

　近年では、一般の路線バスの多くが廃止されていったので、各ＪＲバスは高速バス会社としての色彩を強めてきています。ですが、依然として国鉄バスを引き継いだ事業者として、各地域に存在しています。

　さて、ＢＲＴとは、専用道を中心に走行するとは言え、とどのつまりはバスに他なりません。ＢＲＴが赤字ローカル線問題への有力な解となり、転換が進んでいくことになれば、「旅客鉄道会社」として誕生したＪＲ（の一部）は、いずれバス会社に生まれ変わる日がくるのかもしれません。

函館・長万部間一五〇キロと全国ネットワーク

整備新幹線や赤字ローカル線、貨物鉄道といったこれまで見てきたＪＲが抱える問題は、各社が個別に対処するには限界があると言えます。

その象徴的な例が北海道の並行在来線問題です。ＪＲ発足後に開通した青函トンネルは、当初は無用の長物と言われもしましたが、その後は北海道の産物を本州へと輸送する貨物の大動脈として機能するようになりました。その結果、青函トンネルへとつながる北海道南部の路線は、長大な編成の貨物列車が頻繁に行き交うようになったのです。ところが、貨物列車はＪＲ北海道ではなく、ＪＲ貨物の所属です。貨物会社は、旅客会社の線路を借りて運行しているわけですが、その使用料は先述したとおりアボイダブルコストという考え方によって最低限の水準に抑えられています。しかしＪＲ北海道にしてみれば、苦しい経営の中に、重量のある長大貨物列車を運行するための設備を維持する必要があり、割が合いません。

そうした中、北海道新幹線を新函館北斗から札幌まで延伸する工事が、二〇三〇年度の開業を目指して進められています。これも先ほど見たとおり、ＪＲ以降の整備新幹線のスキームでは、新幹線の開業後は並行する在来線はＪＲの経営から切り離されることになっています。これまでは、信越本線の横川・軽井沢間を除けば、基本的に第三セクターの鉄道へと転換されてきました。しかし、北海道新幹線の延伸区間は、非常に人口密度の少ない地域を通っています。今でこそ札幌・函館間という都市間移動のための特急列車が頻繁に行き交っていますが、新幹線が開業すればその需要が激減し、旅客需要は微々たるものになることは目に見えています。人煙稀な山中を通る区間が多くを占める長万《おしゃまん》部《べ》・小樽間は、地元自治体が第三セクターでの経営をあきらめ、はやばやと廃線が決まりました。[25]

それでも長万部・小樽間は、現在は基本的に普通列車しか走っていないので、鉄道のネットワークという巨視的な意味では、問題は比較的少ないかもしれません（余市《よいち》のような新幹線のルートから外れる沿線都市についての問題はありますが）。より大きな問題は、新函館北斗から長万部までのことです。もしこの区間が第三セクター転換した場合、三〇年間で八〇〇億円を超える赤字が累積するという試算がされています。この数字を見た沿線自治体は、当然ながら第三セクターでの鉄道運営に二の足を踏みます。[26]しかし、この区間がもし廃線になってしまうと、その影響は甚大なものになってしまいます。

というのも、この函館・長万部という区間は北海道と本州以南を結ぶ貨物列車が頻繁に運行され、年間四五〇万トンもの物資を輸送する物流の大動脈だからです。ここが廃線されることは、北海道と本州をつなぐ鉄道貨物ネットワークが分断されてしまうことを意味します。

貨物ネットワークにとって重要な区間ならば、ＪＲ貨物自身が引き取って経営すればよいと思われるかもしれません。たしかにそれは制度上可能です。しかし貨物会社は、基本的に旅客会社の線路をアボイダブルコストという格安料金で借りて貨物列車を運行するというスキームで、何とか経営を成り立たせてきました。そんな状態のＪＲ貨物は、約一五〇キロという京成電鉄の全区間にほぼ相当する長距離路線の運営を「単独で引き継ぐのは現実的ではない」と言います。他方でＪＲ北海道も「明確に経営分離される区間で、費用負担はあり得ない」として、完全に手を引く立場です。国土交通省と北海道は、ＪＲや自治体などとこの区間の維持について協議することにしました。[27]現段階では、その帰趨は見えてきていませんが、ＪＲ貨物にとってこの区間は「なくてはならない経営がなりたたない」[28]ものであることは間違いありません。

一五〇キロというのは、日本の鉄道全体から見るとわずかな距離ですし、そこだけ見るとわずかな需要しかない区間です。しかし、全国規模の鉄道ネットワークという観点からすると、北海道と本州を結ぶ貨物の大動脈という、きわめて重要な位置を占めています。北海道の一地域にある一五〇キロが抱える問題は、国土ネットワークの問題そのものなのです。

法制度と政策、人口動態

長らく日本の鉄道のネットワークのあり方を示してきた鉄道敷設法自体は、分割民営化の際に廃止されました。しかしＪＲは、基本的にそのネットワークを前提に運営されてきました。そして同時に、全国新幹線鉄道整備法に基づいて建設が進められている整備新幹線は、鉄道敷設法を前提としてきた在来線とは異なった法体系のもとに構築された鉄道ネットワークです。

しかし、整備新幹線の建設は並行在来線の経営分離という政策を前提として進められた結果、分割民営化の際に大きな役割として強調された地域輸送から、ＪＲを撤退させていくという副作用がもたらされました。ＪＲ各社は全幹法に基づいた新幹線運営会社としての性格を強めてきており、国鉄分割民営化の制度設計の際とは、日本の鉄道のあり方が大きく変化してしまっているのです。

整備新幹線は、法律に基づく国の政策として進められてきました。政治の介入を断つことを旗印として立ち上げられたＪＲは、その発足前にすでに政治との関係を再構築する枠組みが築かれていたのです。そうした意味で、ＪＲの枠組みによって生じた問題について、政治の責任も免れることはできません。

日本の鉄道にとってさらに大きな問題は、何といっても今後の人口減少です。今後、日本の人口が減っていくことは確実です。[29]ＪＲやその他の鉄道事業者がこれまで以上に厳しい状況になるということは、以前から予想はされていました。「鉄道の経営状況は、路線のある地域の人口密度で決まってしまう」[30]からです。国鉄分割民営化の当時は、まだ日本の人口が増えていたので、他の交通機関から乗客をどのように奪い返すかといった前向きな発想もできました。しかし人口そのものが減っていく状況では、なかなかそうもいきません。

都市圏での人口減少はまだ始まったばかりですが、地方の市町村ではすでに二一世紀の初めから人口減少がかなり進んできました。[31]地方のローカル線の沿線では、鉄道に乗る乗客が減るという以前に、そもそも住む人々が減っており、地域の課題を解決する力自体が衰えてしまっているのです。

近い将来、日本の人口は約三割減少すると見積もられています。[32]人口の流出が激しい地方では、電気や水道といった基本的なインフラすらも維持できなくなる可能性が高いという予想もなされています。冒頭に紹介した増田寛也らは、すべての地域や集落を維持することはあきらめて、残すべき地域を選別して、思い切った「選択と集中」を行うべきことを提言しています。[33]もちろん、こうした考え方に対しては、古くからその地域で生活してきた人々の切り捨てだという批判もなされています。[34]この両者の考え方の対立は、地方ローカル線の問題構造と通底するものがあります。つまり、地方ローカル線問題は個々の路線収支だけを考えればよいのではなく、その地域の未来にどのように向き合うのかが問われるのです。

なぜ人々は鉄道にこれほど関心をもつのか

こうした状況の中で否応なく、日本の鉄道のあり方をめぐる議論が盛んにされるようになってきました。新幹線による貨物輸送であるとか、上下分離や地域交通全体で考えるべきといったさまざまな意見が提示されています。[35]

鉄道を廃止するという案が示されると、賛成・反対はともかく、さまざまな議論が沸き起こります。バスや飛行機の路線を廃止する場合には、これほどの反応をよぶことはまずありません。それにはさまざまな理由があるでしょうが、素朴に人々は鉄道に多くの関心をもっているのでしょう。たとえば、自動車をモチーフにした演歌より、鉄道が登場するもののほうがずっと多いともいいます。[36]バスや飛行機といった他の交通機関に比べて鉄道は、地域の歴史や文化といった背景をより多く負っています。鉄道があることによる「存在効果」も他の交通機関に比べて高いでしょう。[37]本業単体の収支だけでなく、地域全体としての収支を重視すべきという考え方もあります。[38]ですから、目の前の収支が合わなければ即撤退すべきというのは、短絡的に過ぎるとも言えます。地域社会や環境など、さまざまな要素を考慮に入れる必要があるのです。

しかし、ものには限度があるということも確かです。山の中でほとんど人の乗らなくなった路線を、高い固定費を負担しながら維持し続けるということも不合理な話です。そのことは、未来の日本の地域をどのようにしていくのかということを考えることと、ほぼパラレルな関係となっています。

つまりこのことに、絶対的な正解があるわけではありません。時期や地域に応じた最適解を模索し続けるしかないのかもしれません。しかし、こうしたＪＲ各社の範疇を超える問題について、具体的な議論の場が喪われてしまっているのが現状です。[39]

国鉄総裁の最後の生き残りであった仁杉巖は、こうした状況に対して次のように苦言を呈していました。

本来、そういう長期的視点に立った計画なり政策は国、国土交通省がやらなければならない話だ。しかし、国土交通省はそういう政策をあまりやらず、事故対策みたいな仕事が多い。[40]

「日本では本当の交通政策が議論されて[41]」こなかったというのです。もちろん国土交通省はただ袖手《しゅうしゅ》傍観をきめこんでいるわけではなく、鉄道政策についてさまざまな関与を始めています。しかし、個別の課題に対処している印象は拭えません。[42]ただし、ここまで見たとおり、問題は行政上のテクニカルなものという次元を超えつつあります。省庁横断の対応や政治の積極的関与が必要なことはもちろん、最終的にはわれわれ日本に住む人が、この国のグランドデザインを真剣に考えることが重要なのです。

新たな鉄道ネットワークのあり方を求めて

一九八〇年代の国鉄改革は、一九〇六年の鉄道国有法制定以来の、日本の鉄道のあり方に関する大きな政策判断でした。分割民営化という選択が本当に正しかったのか、いまだ評価定かならぬところがあります。ですが、少なくとも日本の鉄道のあり方、グランドデザインについて正面から向き合ったうえでの決断であったことは間違いありません。そして、分割民営化以降、鉄道経営全体の枠組みに関わるような大きな政策の選択はなされていません。

ＪＲ本州三社と九州の旅客鉄道会社は、株式を上場し完全民営化を果たしました。では「私鉄」になったのかというと、そうでもありません。私鉄の業界団体である日本民営鉄道協会にＪＲ各社が加入したわけではありませんし、ＪＲ体制は国鉄の経営組織の変更という政治的決断の結果生み出されたものであり、今もなお、政治の影響を強く受け続ける構造のもとに置かれています。「全国的ネットワークが存続するかぎり、これらの鉄道会社は、他の民間企業体である地方鉄道とは一線を画す[43]」のです。国鉄改革三人組の一人葛西敬之はその晩年、次のように述べています。

ＪＲ東海は私鉄とは違う。鉄道を敷いて、あとは鉄道以外の沿線の不動産でもうければいいというわけにはいかない。[44]

ＪＲは「国家の鉄道」という性格を持ち、政治との関係は、どうしても避けられないというのです。そしてさらに「あらゆる制度設計なんて三〇年も持ちやしない[45]」とも喝破しています。

現在のＪＲ体制は三〇年以上が大過なく過ぎていますから、それなりによくできた制度設計であったと言えるのかもしれません。しかし、本書がここまで追ってきた歴史を見てわかるとおり、日本の鉄道の基本的スキームはせいぜい四〇年程度のスパンで大きく変わってきました。どんなに長くても五〇年間続いた体制はありません。葛西が言い残した言葉どおり、いままさにＪＲ体制の構造に揺らぎが出てきていることも明らかです。

ＪＲ体制が発足して間もないころ、鉄道史研究者の原田勝正は「鉄道の社会的使命はどのように位置付けられるのか。これが、現在および将来にわたる大きな問題となる」[46]と述べました。いま我々は、この問題に正面から向き合うべき時を迎えているのです。

注

■プロローグ

1 増田寛也編著『地方消滅』（中公新書、二〇一四年）
2 宮崎雅人『地域衰退』（岩波新書、二〇二一年）
3 河合雅司『未来の年表　業界大変化　瀬戸際の日本で起きること』（講談社現代新書、二〇二二年）
4 新谷幸太郎編著『地図から消えるローカル線』（日経BP、二〇二二年）四頁
5 原田勝正『日本の国鉄』（岩波新書、一九八四年）iii頁
6 「2018年度第36回大会「日本国有鉄道（JNR）の再検討」〔共通論題報告要旨〕」『鉄道史学』三七号（二〇一九年）
7 石井幸孝『国鉄　「日本最大の企業」の栄光と崩壊』（中公新書、二〇二二年）
8 大内雅博編『仁杉巖の決断のとき』（交通新聞社、二〇一〇年）一〇四頁

■第一章

1 鉄道省編『日本鉄道史　上篇』（鉄道省、一九二一年）一八三頁
2 佐賀県立佐賀城本丸歴史館編『大隈重信没後100年・鉄道開業150年記念特別展　陸蒸気を海に通せ！』（佐賀県立佐賀城本丸歴史館、二〇二一年）一三―一四頁
3 「川崎大師縁日汽車度数増届」『公文録・明治五年・第五十八巻・壬申七月～九月・工部省伺（七月・八月・九月）』（独立行政法人国立公文書館所蔵）
4 野田正穂ほか編『日本の鉄道』（日本経済評論社、一九八六年）二七―三〇頁
5 鳩澤歩『鉄道のドイツ史』（中公新書、二〇二〇年）九―一一頁
6 松尾秀哉『物語ベルギーの歴史』（中公新書、二〇一四年）四―五五頁
7 青木栄一『鉄道の地理学』（WAVE出版、二〇〇八年）一〇八頁
8 前掲『鉄道の地理学』一一六―一一八頁
9 山田直匡『お雇い外国人4　交通』（鹿島出版会、一九六八年）五七―六四頁

10 前掲『日本の鉄道』三八八頁
11 原田勝正『鉄道史研究試論』（日本経済評論社、一九八九年）七二―七三頁
12 佐々木隆『日本の歴史21　明治人の力量』（講談社、二〇〇二年）八五頁
13 柏原宏紀『明治の技術官僚』（中公新書、二〇一八年）二一六頁
14 青木槐三『国鉄を育てた人々』（交通協力会、一九五〇年）七頁
15 小風秀雅「明治前期における鉄道建設構想の展開」山本弘文編『近代交通成立史の研究』（法政大学出版局、一九九四年）
16 中村尚史『日本鉄道業の形成』（日本経済評論社、一九九八年）八三―八四頁
17 老川慶喜『井上勝』（ミネルヴァ書房、二〇一三年）一八九―一九二頁
18 前掲『井上勝』一九七―二〇三頁
19 函館市史編さん室　編『函館市史　通説編　2』（函館市、一九九〇年）四三九頁
20 北海道編『新北海道史　四　通説　三』（北海道、一九七三年）八八頁
21 工藤武重『近衛篤麿公』（大日社、一九三八年）二九九―三〇二頁
22 松下孝昭『近代日本の鉄道政策』（日本経済評論社、二〇〇四年）三七八頁
23 前掲『井上勝』二〇五―二〇八頁
24 『官報』二六九三号（明治二五年六月二一日）
25 岡村良明等編『鉄道要鑑』（文萃堂、一八九六年）二四九―二五〇頁
26 小風秀雅「明治中期における鉄道政策の再編」野田正穂、老川慶喜編『日本鉄道史の研究』（八朔社、二〇〇三年）
27 鉄道省編『日本鉄道史　中篇』（鉄道省、一九二一年）一頁
28 今城光英『官私並進輸送史序説』（大東文化大学経営研究所、二〇一八年）
29 前掲『日本の鉄道』三八八頁
30 前掲『井上勝』二〇二―二〇三頁
31 前掲『井上勝』一八二頁

■第二章

1 老川慶喜『日本鉄道史　幕末・明治篇』（中公新書、

二〇一四年）一八九―一九〇頁
2　前掲『日本鉄道史　幕末・明治篇』一九八頁
3　中村尚史「グローバル化と明治の鉄道発展　鉄道国有化の国際的契機」瀧井一博編著『「明治」という遺産　近代日本をめぐる比較文明史』（ミネルヴァ書房、二〇二〇年）
4　前掲『日本鉄道史　幕末・明治篇』一九三―一九四頁
5　小牟田哲彦『鉄道と国家』（講談社現代新書、二〇一二年）三八頁
6　前掲『日本の鉄道』一一三―一一四頁
7　鉄道省編『国有十年』（鉄道省、一九二〇年）一〇―一一頁
8　前掲『日本鉄道史　中篇』八二二頁
9　加藤高明伯伝編纂委員会編『加藤高明　上巻』（原書房、一九七〇年）五六七―五六九頁
10　清水唯一朗『原敬』（中公新書、二〇二一年）一三四―一三五頁
11　前掲『日本鉄道史　中篇』八〇七頁
12　前掲『日本の鉄道』一一六頁
13　前掲『日本鉄道史　中篇』八二四頁
14　南海鉄道株式会社編『開通五十年』（南海鉄道、一九三六年）三〇頁
15　前掲『日本の国鉄』五三頁
16　野田正穂『日本証券市場成立史』（有斐閣、一九八〇年）三一一頁
17　同右
18　前掲『国有十年』三一九頁
19　田中行雄「総説・東京外環状線雑考」『交通技術』二四巻一一号（交通協力会、一九六九年）
20　前掲『国有十年』一八頁
21　前掲『日本の鉄道』三八九頁
22　鶴見祐輔『正伝　後藤新平5』（藤原書店、二〇〇五年）一八四頁
23　深尾京司、中村尚史、中林真幸編『岩波講座　日本経済の歴史4　近代2』（岩波書店、二〇一七年）二五一頁
24　老川慶喜『日本鉄道史　大正・昭和戦前篇』（中公新書、二〇一六年）一三頁
25　青木槐三『鉄路絢爛』（交通協力会、一九五三年）二一七頁
26　前掲『鉄路絢爛』三一〇頁

27 前掲『正伝　後藤新平5』一七三頁
28 十河信二『有法子』（ウェッジ、二〇一〇年）一六頁
29 青木槐三、山中忠雄編著『国鉄興隆時代　木下運輸二十年』（日本交通協会、一九五七年）五一頁
30 前掲『有法子』二三頁
31 前掲『国有十年』二八〇頁
32 前掲『日本の鉄道』一六七頁
33 前掲『日本の国鉄』七一―七二頁
34 前掲『有法子』二二頁
35 林采成「戦争の衝撃と国鉄の人的運用」『歴史と経済』五三巻一号（二〇一〇年）
36 河野誠哉「戦前期国鉄現業職員における採用・昇進の制度と学歴主義」吉田文・広田照幸編『職業と選抜の歴史社会学』（世織書房、二〇〇四年）
37 中野重治『汽車の罐焚き』（角川文庫、一九五六年［初出は一九三七年『中央公論』六月号］）四六頁
38 広田照幸「学歴・身分・賃金」前掲『職業と選抜の歴史社会学』
39 前掲『日本の鉄道』一六七頁
40 前掲『正伝　後藤新平5』二五九―二六三頁
41 鉄道省編『鉄道一瞥』（鉄道省、一九二一年）一六八頁
42 二階堂行宣「戦間期鉄道貨物輸送システムの形成―国有鉄道における業務運営からの考察」『経営史学』四九巻四号（二〇一五年）三―二四頁
43 島秀雄編『東京駅誕生　お雇い外国人バルツァーの論文発見』（鹿島出版会、一九九〇年）一一〇―一二八頁
44 前掲『国鉄興隆時代』七五頁
45 島秀雄『D51から新幹線まで』（日本経済新聞社、一九七七年）二五頁
46 野田正穂ほか編『神奈川の鉄道』（日本経済評論社、一九九六年）一二八―一二九頁
47 中山隆吉『鉄道運送施設綱要』（鉄道省運輸局、一九二八年）四頁
48 前掲「戦間期鉄道貨物輸送システムの形成」
49 前掲『国鉄興隆時代』五五頁
50 前掲『近代日本の鉄道政策』三八〇頁
51 伊藤之雄『真実の原敬』（講談社現代新書、二〇二〇年）一六五―一七〇頁
52 「改訂鉄道線路網計画ニ就テ」『公文雑纂　大正九年

巻十七』(国立公文書館所蔵)
53 同右
54 同右
55 同右
56 佐藤信之『鉄道と政治　政友会、自民党の利益誘導から地方の自立へ』(中公新書、二〇二一年)一〇八頁
57 鉄道省『鉄道敷設法予定線路説明』(鉄道省、一九二〇年)八頁
58 前掲『鉄道の地理学』二六九頁
59 三戸祐子『定刻発車　日本の鉄道はなぜ世界で最も正確なのか?』(新潮文庫、二〇〇五年)七六頁
60 前掲『汽車の罐焚き』六六頁
61 前掲『汽車の罐焚き』六九頁
62 同右
63 前掲『汽車の罐焚き』七〇頁
64 前掲『汽車の罐焚き』六五頁
65 前掲『定刻発車』七九—八一頁
66 前掲「戦争の衝撃と国鉄の人的運用」
67 前掲『定刻発車』八五頁
68 前掲『鉄道運送施設綱要』二八〇—二八三頁
69 前掲『鉄道運送施設綱要』八〇六—八〇九頁
70 前掲『神奈川の鉄道』一三七頁
71 『鶴操誌』(川崎市公文書館所蔵)一頁
72 「新鶴見操車場の一日」『国鉄線』一三巻一〇号(交通協力会、一九五八年)
73 前掲『神奈川の鉄道』三一一頁
74 前掲「新鶴見操車場の一日」
75 『国鉄傷痍者の実態』(鉄道弘済会身体障害者福祉部、一九五五年)一二頁
76 「貨物操車場の近代化」『交通技術』一四巻三号(交通協力会、一九五九年)
77 雑賀武、武居栄作「新鶴見操車場のカー・リターダーについて」『交通技術』五巻四号(交通協力会、一九五〇年)
78 原田勝正『増補改訂　鉄道の語る日本の近代』(そしえて、一九八三年)一九〇—二〇一頁
79 前掲『鉄路絢爛』四七頁
80 宮脇俊三『時刻表昭和史』(角川書店、一九八〇年)四八—四九頁
81 前間孝則『弾丸列車』(実業之日本社、一九九四年)四七—五一頁

82　前掲『日本鉄道史　大正・昭和戦前篇』二一一頁
83　前掲『神奈川の鉄道』二三二―二三三頁
84　笠井幹治「やさしい鉄道照明の話（4）操車場篇その1」『交通技術』一五巻七号（交通協力会、一九六〇年）
85　前掲『鶴操誌』一七頁
86　髙坂盛彦『国鉄を企業にした男　片岡謌郎伝』（中央公論新社、二〇一〇年）一一七―一二〇頁
87　前掲『時刻表昭和史』二二九頁
88　前掲『時刻表昭和史』二三〇頁

■第三章

1　「鉄道会議官制を改正する」『公文類聚・第七十編・昭和二十一年・第三十巻・官職二十一・官制二十一・運輸省二』（国立公文書館所蔵）
2　前掲『日本の鉄道』二七四頁
3　前掲『日本の国鉄』一三八頁
4　升田嘉夫『戦後史のなかの国鉄労使』（明石書店、二〇一一年）二二頁
5　前掲『戦後史のなかの国鉄労使』二五―三〇頁
6　佐藤竜太郎、佐藤信二「作願院釋和榮」「鉄道人佐藤榮作」刊行会編『鉄道人佐藤榮作』（「鉄道人佐藤榮作」刊行会、一九七七年）
7　磯崎叡「鉄道を本流へ押し戻す」前掲『鉄道人佐藤榮作』
8　正確には一九四八年一二月成立の公労法（公共企業体等労働関係法）による規定。
9　前掲『戦後史のなかの国鉄労使』三八頁
10　磯崎叡『あの日も列車は定時だった』（日本経済新聞社、一九九一年）四九頁
11　松田昌士『なせばなる民営化　JR東日本』（生産性出版、二〇〇二年）一六頁
12　前掲『なせばなる民営化　JR東日本』一七頁
13　前掲『日本の国鉄』一三八頁
14　前掲『あの日も列車は定時だった』四八頁
15　寺前秀一「もう一つの憲法論議　旧国有鉄道運賃法が投げかけたもの」『地域政策研究』一〇巻二号（高崎経済大学地域政策学会、二〇〇七年）
16　中西健一『戦後日本国有鉄道論』（東洋経済新報社、一九八五年）一六―一七頁
17　森谷英樹『私鉄運賃の研究』（日本経済評論社、一九九六年）二四一―二四五頁

18　髙松良晴『新幹線ネットワークはこうつくられた』（交通新聞社新書、二〇一七年）五三頁
19　藤井松太郎『国鉄とともに五〇年』（交通協力会出版部、一九七七年）六〇頁
20　「桜田日経連が怪気炎」『朝日新聞』一九七六年二月二四日
21　鉄道史学会編『鉄道史人物事典』（日本経済評論社、二〇一三年）二三二―二三三頁
22　鈴木市蔵『下山事件前後』（五月書房、二〇〇三年）二四頁
23　前掲『あの日も列車は定時だった』五三頁
24　「磯崎総裁辞任の弁」『朝日新聞』一九七三年九月二〇日
25　前掲『あの日も列車は定時だった』五三頁
26　前掲「鉄道を本流へ押し戻す」
27　前掲『国鉄とともに五〇年』六六頁
28　前掲「もう一つの憲法論議」
29　原田勝正『国鉄解体』（筑摩書房、一九八八年）四五頁
30　https://www.jst.go.jp/lcs/sympo20211203/item/20211203shiryo_fukazawa.pdf
31　前掲『国鉄』iii
32　前掲『国鉄』iv
33　須田寛『私の鉄道人生〝半世紀〟』（イースト新書Q、二〇一九年）六九頁
34　高木文雄『国鉄ざっくばらん』（東洋経済新報社、一九七七年）四八頁
35　鈴木正里『日本国有鉄道論』（日本評論新社、一九五七年）二四―二五頁
36　前掲『国鉄ざっくばらん』四八頁
37　前掲『日本国有鉄道論』五五頁
38　前掲『日本国有鉄道論』二六頁
39　角本良平『偶然と必然の谷間で』（編集企画研究センター、一九七三年）二三―二四頁
40　前掲『なせばなる民営化　ＪＲ東日本』五四頁
41　前掲『国鉄ざっくばらん』六九頁
42　社会経済国民会議編『分割・民営化はなぜ必要か』（社会経済国民会議、一九八六年）九二頁
43　老川慶喜『日本鉄道史　昭和戦後・平成篇』（中公新書、二〇一九年）二二―二三頁

■第四章

1 「〝線路をマクラに討死〟十河新総裁、勇ましく第一声」『読売新聞』一九五五年五月二一日
2 牧久『不屈の春雷　十河信二とその時代（下）』（ウエッジ、二〇一三年）三〇九頁
3 「天声人語」『朝日新聞』一九五五年五月二二日
4 牧久『不屈の春雷　十河信二とその時代（上）』（ウエッジ、二〇一三年）三一五頁
5 「老軀をおして新総裁に」『交通新聞』一九五五年五月二一日
6 日本国有鉄道編『日本国有鉄道百年史　十二巻』（日本国有鉄道、一九七三年）二二四頁
7 「国鉄の新総裁決まる」『交通新聞』一九五五年五月二一日
8 財団法人交通協力会編『昭和三十二年交通年鑑』（財団法人交通協力会出版部、一九五七年）六四頁
9 前掲『D51から新幹線まで』四三頁
10 十河信二『幹線の電化』（日本国有鉄道、一九五六年）
11 仁杉巖『挑戦』（交通新聞社、二〇〇三年）七六頁
12 星晃『回想の旅客車（上）』（学習研究社、二〇〇八年）一八四―一八六頁
13 篠原泰「国鉄と電波」『電波時報』一八三号（電波振興会、一九六四年）
14 丸浜徹郎「国鉄主要幹線系SHF回線完成を顧みて」『交通技術』一五巻一〇号（交通協力会、一九六〇年）
15 杉浦一機『みどりの窓口を支える「マルス」の謎』（草思社、二〇〇五年）四三―四五頁
16 前掲『みどりの窓口を支える「マルス」の謎』一一九―一三八頁
17 有賀宗吉『十河信二』（十河信二伝刊行会、一九八八年）四八頁
18 前掲『十河信二』六五頁
19 前掲『不屈の春雷（上）』一一二頁
20 前掲『有法子』二〇頁
21 前掲『不屈の春雷（上）』一〇六―一〇八頁
22 前掲『D51から新幹線まで』四三頁
23 前掲『不屈の春雷（上）』一一八―一二〇頁
24 前掲『十河信二』五一一頁
25 前掲『十河信二』四九九頁
26 前掲『不屈の春雷（下）』三一七頁

27 前掲『不屈の春雷（下）』三二六頁
28 前掲『D51から新幹線まで』一一一―一一二頁
29 前掲『D51から新幹線まで』一一五頁
30 前掲『国鉄解体』一五九頁
31 阿川弘之「東海道線の広軌新線建設への疑問」『朝日新聞』一九五八年八月一〇日
32 前掲『十河信二』四九八頁
33 高橋団吉『新幹線を走らせた男』（デコ、二〇一五年）一二七頁
34 前掲『十河信二』五四八頁
35 前掲『D51から新幹線まで』一三一頁
36 角本良平［述］、二階堂行宣、鈴木勇一郎、老川慶喜編『角本良平オーラル・ヒストリー』（交通協力会、二〇一五年）二〇五頁
37 前掲『D51から新幹線まで』七九―八〇頁
38 前掲『D51から新幹線まで』八四頁
39 小野田滋「蛇行動現象に取り組んだ技術者　松平精」『RRR』七四―一一（鉄道総合技術研究所、二〇一七年）
40 齋藤雅男『驀進　鉄道とともに50年から』（鉄道ジャーナル社、一九九九年）一五三頁
41 十河信二「国鉄経営の大衆化」『新民』六巻六号（新民会、一九五五年）
42 前掲『不屈の春雷（下）』三三二頁
43 前掲『不屈の春雷（下）』三七四頁
44 前掲『十河信二』六二九―六三〇頁
45 前掲『国鉄』九一頁
46 前掲『国鉄ざっくばらん』一六頁
47 前掲『日本鉄道史　昭和戦後・平成篇』八五―八六頁

■第五章

1 城山三郎『「粗にして野だが卑ではない」石田禮助の生涯』（文春文庫、一九九二年）一七―二〇頁
2 「都市化の進展と鉄軌道の将来」『政調・都市政策調査会記録』一一（一九六七年）
3 「石田さん、〝汗だくラッシュ〟視察　朝の新宿駅まったくひどい」『読売新聞』一九六三年七月二日夕刊、「石田さん国電視察、こんどは上野駅、赤羽駅へ」『読売新聞』一九六三年七月一六日夕刊など。
4 前掲『「粗にして野だが卑ではない」石田禮助の生涯』一四七頁

5　『昭和三九年度　運輸白書』https://www.mlit.go.jp/hakusyo/transport/shouwa39/ind040401/005.html
6　一條幸夫編『国鉄の未来をひらく』（交通協力会、一九六八年）はしがき
7　前掲『日本国有鉄道百年史　十二巻』一五二頁
8　髙松良晴『東京の鉄道ネットワークはこうつくられた』（交通新聞社新書、二〇一五年）一二六―一五四頁
9　前掲『国鉄の未来をひらく』三頁
10　磯崎叡「通勤電車タダ論」『文藝春秋』四五―九（一九六七年）
11　斎藤峻彦「都市交通と国鉄」『国鉄再建を考える』（日本評論社、一九八五年）
12　前掲『あの日も列車は定時だった』七二頁
13　前掲『挑戦』一一六頁
14　前掲「通勤電車タダ論」
15　前掲『挑戦』一一六頁
16　前掲『仁杉巖の決断のとき』九二頁
17　前身の五八一系は、一九六七年に登場している。
18　前掲『国鉄ざっくばらん』三七頁
19　猪口信『国鉄列車ダイヤ千一夜　語り継ぎたい鉄道輸送の史実』（交通新聞社新書、二〇一一年）二四一―二七頁
20　須田寛「今後の旅客輸送」『鉄道あすの構図』（交通協力会出版部、一九七三年）
21　同右
22　同右
23　須田寛、福原俊一［聞き手］『須田寛の鉄道ばなし』（JTBパブリッシング、二〇一二年）八六頁
24　前掲『国鉄の未来をひらく』九頁
25　前掲『戦後史のなかの国鉄労使』一六一頁
26　前掲『戦後史のなかの国鉄労使』一五五頁
27　滝山養「技術革新と国鉄経営」前掲『国鉄再建を考える』
28　前掲『D51から新幹線まで』一〇二頁
29　前掲『戦後史のなかの国鉄労使』一五七頁
30　大野光基『国鉄を売った官僚たち』（善本社、一九八六年）八六頁
31　「（解説）安全運転かサボか順法闘争　議論分かれる国鉄労使」『朝日新聞』一九六八年二月二九日
32　前掲『国鉄を売った官僚たち』八七頁
33　高階秀爾・芳賀徹・老川慶喜・高木博志共編著『鉄

道がつくった日本の近代』（鉄道史学会、二〇一五年）一二三頁
34 佐藤信之『鉄道と政治　政友会、自民党の利益誘導から地方の自立へ』（中公新書、二〇二一年）一五八頁
35 前掲『なせばなる民営化　JR東日本』二六―二七頁
36 前掲『国鉄の未来をひらく』九頁
37 伊藤直彦「地方交通線の実態」『国有鉄道』二九巻一二号（一九七一年）
38 前掲『十河信二』六一六頁
39 前掲『鉄道と政治』一五八頁
40 「私の鉄道論」『交通新聞』一九六七年四月九日
41 田中角栄『日本列島改造論』（日刊工業新聞社、一九七二年）一二二―一二三頁
42 前掲「私の鉄道論」
43 青木栄一「国鉄ローカル線と教育問題」『運輸と経済』四三巻一二号（運輸調査局、一九八三年）
44 早坂茂三『政治家田中角栄』（集英社文庫、一九九三年）四六八、四六九頁
45 篠原武司、高口英茂『新幹線発案者の独り言』（パンリサーチ出版局、一九九二年）一八〇―一九七頁
46 前掲『新幹線発案者の独り言』五一―五二頁
47 『政調・都市政策調査会記録　第一一号　都市化の進展と鉄軌道の将来』（自由民主党政務調査会都市政策調査会、一九六七年）
48 『政調・都市政策調査会記録　第一四号　都市政策への提言（その一）』（自由民主党政務調査会都市政策調査会、一九六七年）
49 自由民主党都市政策調査会編『都市政策大綱』（自由民主党広報委員会出版局、一九六八年）五―二五頁
50 「新全国総合開発計画」https://www.mlit.go.jp/common/001135929.pdf
51 前掲『新幹線ネットワークはこうつくられた』五三頁
52 「新幹線網整備に立法措置　審議会が決定」『読売新聞』一九六九年六月二六日
53 「全国新幹線網整備、自民、立法認める」『読売新聞』一九六九年七月三日夕刊
54 「路線は弾力的に『新幹線』で首相指示」『読売新聞』一九七〇年四月一〇日

55　鶴通孝『整備新幹線』（鉄道ジャーナル社、二〇一九年）三八―四〇頁
56　牧久『昭和解体』（講談社、二〇一七年）六〇頁
57　前掲『あの日も列車は定時だった』一七頁
58　加藤仁『国鉄崩壊』（講談社、一九八六年）九〇頁
59　前掲『十河信二』五九六頁
60　前掲『国鉄崩壊』九二頁
61　前掲『国鉄崩壊』一〇四頁
62　前掲『あの日も列車は定時だった』八六頁
63　前掲『国鉄を売った官僚たち』一二二頁
64　前掲『国鉄を売った官僚たち』一二六―一二七頁
65　前掲『戦後史のなかの国鉄労使』二〇五―二〇六頁
66　前掲『国鉄を売った官僚たち』一三六頁
67　前掲『国鉄を売った官僚たち』一五二―一五九頁
68　前掲『国鉄を売った官僚たち』一三六頁
69　前掲『戦後史のなかの国鉄労使』二一五頁
70　三塚博『国鉄を再建する方法はこれしかない』（政治広報センター、一九八四年）三三頁
71　前掲『あの日も列車は定時だった』九一頁
72　前掲『国鉄崩壊』一五六頁
73　前掲『なせばなる民営化　JR東日本』二九頁
74　前掲『国鉄ざっくばらん』一二九頁
75　前掲『国鉄を売った官僚たち』九六頁
76　前掲『あの日も列車は定時だった』七三頁
77　前掲『仁杉巖の決断のとき』九二頁
78　前掲『国鉄とともに五〇年』六六頁
79　前掲『国鉄とともに五〇年』六五頁
80　前掲『国鉄ざっくばらん』一〇八頁
81　前掲『国鉄を再建する方法はこれしかない』四六頁
82　運輸政策研究機構編『日本国有鉄道　民営化に至る15年』（成山堂書店、二〇〇〇年）四八頁
83　前掲『須田寛の鉄道ばなし』一二二頁
84　森彰英『「ディスカバー・ジャパン」の時代　新しい旅を創造した、史上最大のキャンペーン』（交通新聞社新書、二〇〇七年）
85　前掲『日本の鉄道』二八〇頁
86　前掲『戦後史のなかの国鉄労使』二四〇頁
87　前掲『国鉄を再建する方法はこれしかない』四二頁
88　前掲『国鉄とともに五〇年』六七頁
89　「労使、むき出しの憎しみ　〝国鉄紛争〟新鶴見操車場に見る」『朝日新聞』一九七二年四月一四日
90　「動労・鉄労ついに内ゲバ」『読売新聞』一九七一年

六月四日

91 前掲「労使、むき出しの憎しみ〝国鉄紛争〟新鶴見操車場に見る」

92 朝日新聞浦和支局編『昭和史の中の埼玉』（朝日新聞浦和支局、一九七五年）九七―九八頁

93 埼玉県警察本部教養課編『新警察風土記』（埼玉県警察本部、一九七八年）九〇頁

94 国鉄と、日本専売公社（専売公社、現在の日本たばこ産業［JT］および塩事業センター）、日本電信電話公社（電電公社、現在のNTTグループ）が三公社、郵政省の行う郵便・郵便貯金・簡易生命保険の事業（現在の日本郵政）、国有林野事業、大蔵省印刷局（現在の独立行政法人国立印刷局）の事業、大蔵省造幣局（現在の独立行政法人造幣局）の事業、通商産業省のアルコール事業が五現業

95 前掲『国鉄を再建する方法はこれしかない』三八頁

■第六章

1 宮脇俊三『時刻表2万キロ』（河出文庫、一九八〇年）九九頁

2 前掲『昭和解体』一七九頁

3 『昭和52年度　運輸白書』https://www.mlit.go.jp/hakusyo/transport/shouwa52/ind020402/001.html

4 前掲『昭和解体』一七四頁

5 前掲『国鉄ざっくばらん』一五九頁

6 前掲『時刻表2万キロ』一七三頁

7 須田寛『昭和の鉄道』（交通新聞社新書、二〇一一年）二一九頁

8 国土交通省編「日本鉄道史」（https://www.mlit.go.jp/common/000218983.pdf）四二頁

9 前掲『国鉄ざっくばらん』一二四頁

10 角本良平『鉄道政策の危機』（成山堂書店、二〇〇一年）一五頁

11 「座談会　53・10ダイヤ改正を完遂して」『国有鉄道』三六巻一二号（一九七八年）

12 国土交通省鉄道局「国鉄の分割民営化から30年を迎えて」https://www.mlit.go.jp/common/001242868.pdf

13 光山忠彦「経営改善計画について」『国有鉄道』三九巻六号（交通協力会、一九八一年）

14 「国鉄赤字線廃止　77路線が確定」『読売新聞』一九八一年三月二日

15 前掲『鉄道の地理学』二八六頁
16 前掲『時刻表2万キロ』二〇五頁
17 「座談会　転換進む地方交通線」『国鉄線』三九巻四号（交通協力会、一九八四年）
18 「全国市長会、赤字線廃止関係31市で地元協議ボイコットも――『路線別実態示せ』」『日本経済新聞』一九八一年一〇月八日
19 敷田和久「地方交通線の第三セクター化のモデルとして—三陸鉄道の設立に関する動きについて」『交通技術』三七巻四号（交通協力会、一九八二年）
20 「全国市長会、特定地方交通線対策協参加で地域の実情を考慮」『日本経済新聞』一九八一年一一月一日
21 松永英郎「白糠線のバス転換」『国鉄線』三九巻四号（交通協力会、一九八四年）
22 魚住弘久『我田引鉄の終焉』（東京大学都市行政研究会、一九九四年）三五頁
23 「北海道が意見書提出」『交通新聞』一九八四年五月二〇日
24 前掲『我田引鉄の終焉』五一頁
25 前掲『我田引鉄の終焉』四九頁
26 前掲「座談会　53・10ダイヤ改正を完遂して」
27 植田義明「新しい鉄道貨物営業」『国有鉄道』四一巻三号（交通協力会、一九八三年）
28 運輸政策研究機構編『日本国有鉄道民営化に至る15年』（成山堂書店、二〇〇〇年）二二五頁
29 岡田清「貨物輸送と国鉄」『経済評論増刊　国鉄再建を考える』（日本評論社、一九八五年）
30 前掲『日本国有鉄道民営化に至る15年』二〇六頁
31 前掲『日本国有鉄道民営化に至る15年』二二五頁
32 「私の履歴書　葛西敬之15経営計画室へ」『日本経済新聞』二〇一五年一〇月一六日
33 前掲「国鉄の分割民営化から30年を迎えて」
34 前掲『さらば国有鉄道』三六頁
35 森功『国商』（講談社、二〇二二年）六五頁
36 前掲『さらば国有鉄道』四二頁
37 前掲『国鉄を再建する方法はこれしかない』二二一頁
38 たとえば、「本社も持て余す荒廃　国鉄甲府駅」『朝日新聞』一九八二年三月一九日など。
39 草野厚『国鉄改革』（中公新書、一九八九年）一一三頁
40 屋山太郎「国鉄労使『国賊』論」『文藝春秋』一九

八二年四月号
41 加藤寛「国鉄解体すべし」『現代』一九八二年四月号（講談社）
42 『昭和58年度　運輸白書』https://www.mlit.go.jp/hakusyo/transport/shouwa58/ind020102/frame.html
43 前掲『国鉄を再建する方法はこれしかない』二五頁
44 「〝途中下車〟必至の国鉄総裁」『朝日新聞』一九八三年六月二〇日
45 前掲『国鉄改革』一七三頁
46 前掲『挑戦』一七三頁
47 前掲『国鉄改革』一七四頁
48 前掲『国鉄を再建する方法はこれしかない』
49 前掲『国鉄改革』一八三―一八四頁
50 前掲『国鉄を再建する方法はこれしかない』五一頁
51 「国鉄が経営改革の基本方策」『交通新聞』一九八五年一月一一日
52 前掲『さらば国有鉄道』二一頁
53 前掲『国鉄改革』一九五頁
54 早野透『田中角栄』（中公新書、二〇一二年）三八七―三八八頁
55 前掲『挑戦』一八七頁、一九〇頁
56 服部龍二『中曽根康弘　「大統領的首相」の軌跡』（中公新書、二〇一五年）二五八―二五九頁
57 宮脇俊三『途中下車の味』（新潮文庫、一九九二年）六一頁
58 前掲「国鉄の分割民営化から30年を迎えて」
59 日本国有鉄道再建監理委員会「国鉄改革に関する意見　鉄道の未来を拓くために」『鉄道ジャーナル』一九八五年一一月号
60 同右
61 同右
62 加藤寛『国鉄再建はこうなる』（ダイヤモンド社、一九八五年）六頁
63 前掲『国鉄再建はこうなる』一〇頁
64 前掲『国鉄再建はこうなる』二頁
65 前掲『国鉄再建はこうなる』八八頁
66 前掲『国鉄再建はこうなる』一一頁
67 前掲『国鉄再建はこうなる』八九頁
68 『さいたま市史　鉄道編』（さいたま市、二〇一七年）二〇三頁
69 前掲「日本鉄道史」五二頁
70 前掲『鉄道政策の危機』一六〇頁

71　今野修平「青函トンネル・瀬戸大橋完成とＪＲの役割」『ＪＲガゼット』一九八八年一月

■エピローグ

1　前掲「日本鉄道史」五四頁
2　同右
3　前掲『なせばなる民営化』六〇頁
4　前掲『分割・民営化はなぜ必要か』五九頁
5　前掲「日本鉄道史」五四頁
6　前掲「日本鉄道史」八八頁
7　石井晋「プラザ合意・内需拡大政策とバブル（１９８５〜89年を中心に）」小峰隆夫編『日本経済の記録　第２次石油危機への対応からバブル崩壊まで　第１巻　バブル／デフレ期の日本経済と経済政策』（内閣府経済社会総合研究所、二〇一一年）二〇四頁
8　前掲『整備新幹線』六二頁
9　前掲『新幹線ネットワークはこうして作られた』七頁
10　前掲『整備新幹線』二九頁
11　前掲『整備新幹線』三〇頁
12　「衆院予算委員会の整備新幹線質疑、解釈分かれる蔵相答弁」『西日本新聞』一九九〇年四月一三日など
13　竹内正浩『新幹線全史　「政治」と「地形」で解き明かす』（ＮＨＫ出版新書、二〇二三年）二八五頁
14　前掲『国鉄』三〇五頁
15　前掲「国鉄の分割民営化から30年を迎えて」
16　大嶋満「貨物調整金制度の見直しに向けて」『立法と調査』四二八（参議院、二〇二〇年）
17　前掲「国鉄の分割民営化から30年を迎えて」
18　前掲『国鉄』三〇三—三〇四頁、三四〇—三四一頁
19　吉野次郎『なぜ２人のトップは自死を選んだのか』（日経ＢＰ社、二〇一四年）一三八—一四八頁
20　早坂茂三『田中角栄回想録』（集英社文庫、一九九三年）一〇七頁
21　「ＪＲ北海道　事業範囲の抜本的な見直し方針を発表」『交通新聞』二〇一六年八月二日
22　「ＪＲ北海道　単独維持困難線区を公表　10路線13区間」『交通新聞』二〇一六年一一月二一日
23　国土交通省「鉄道事業者と地域の協働による地域モビリティの刷新に関する検討会について」https://

www.mlit.go.jp/tetudo/tetudo_tk5_000011.html
24 『鉄道統計年報』各年度版
25 「函館線小樽―長万部間 バス転換へ 北海道新幹線札幌延伸で」『交通新聞』二〇二二年三月二八日
26 「北の鉄路見えないくさび（下） 函館―長万部 存続に暗雲 貨物線、費用分担定まらず」『日本経済新聞』二〇二二年一二月二日
27 同右
28 「JR貨物社長、函館―長万部「なくては経営成り立たず」」『日本経済新聞電子版』二〇二三年二月六日
29 国土交通省「国土の長期展望専門委員会最終とりまとめ参考資料」（二〇二一年六月）https://www.mlit.go.jp/policy/shingikai/content/001412278.pdf
30 前掲『仁杉巖の決断のとき』一〇九頁
31 前掲『地域衰退』二一―二二頁
32 「日本の将来推計人口（令和五年推計）」（国立社会保障・人口問題研究所、二〇二三年）
33 前掲『地方消滅』四七―五四頁
34 山下祐介『地方消滅の罠』（ちくま新書、二〇一四年）一二―二二頁
35 前掲『地図から消えるローカル線』四頁
36 酒井順子『鉄道無常 内田百閒と宮脇俊三を読む』（KADOKAWA、二〇二一年）三九頁
37 宇都宮浄人「地方圏の鉄道の役割と課題」秋山孝正編著『脱炭素社会に向けた都市交通政策の展開』（勁草書房、二〇二二年）
38 市川嘉一『交通崩壊』（新潮新書、二〇二三年）四頁
39 前掲『国鉄』三三一―三三二頁
40 前掲『仁杉巖の決断のとき』一一九頁
41 前掲『仁杉巖の決断のとき』一一四頁
42 前掲『交通崩壊』二八頁
43 前掲『国鉄解体』二五三頁
44 『週刊ダイヤモンド』二〇一七年三月二五日号
45 同右
46 原田勝正『日本の鉄道』（吉川弘文館、一九九一年）一九三頁

おわりに

本書の発端は、編集部の青山遊さんとの雑談だった。鉄道開業一五〇周年を契機に刊行が計画された『鉄道一五〇年史』の執筆に多少関わっていたことから、聞きかじった国鉄の歴史に関する小話をしたり顔で吹聴したところ、だったら国鉄の歴史の本を書いたらどうだ、ということになったのである。

しかし、その場の勢いで書くと言ってみたものの、冷静になってみると、国鉄の歴史に関する論文などそれまで一本も書いたことがないことに気がついた。たしかに鉄道に関わる研究を多少はしてきたが、都市開発と私鉄だったり、おみやげと鉄道だったりと、鉄道史の本流からすれば周辺的なことばかりだ。手にある企画を引き受けてしまったことを後悔していたというのが、実のところである。

そんなふうに躊躇する私が筆を動かすようになったのは、この数年の鉄道、とりわけ地方のローカル線を取り巻く状況を見てのことである。北海道や四国といったJRのいわゆる三島会社だけでなく、本州でも従来の路線網を維持できなくなりつつあることは、以前から指摘されてはいたことであった。それが、二〇二〇年からのコロナ禍を契機に、問題は一挙に深刻さを増しつつ顕在化し、各地のローカル線の存廃をめぐってさまざまな議論がされるようになったのである。だが、そうした議論の多くは、目前の利用者数や収支に意識が偏りすぎているように思われてならなかった。地域の鉄道のあり方というものは、全国の交通システム、ひいては日本の社会全体の将来を見据えることなしに考えることはできない。そして、未来を考えるためには、現状に立ち至るまでの経緯を踏まえることが不可欠であり、そうでなければ、近視眼的な思考に陥ってしまう。そのように強く感じた私は、現在のＪＲのもととなった国鉄というものについて、成り立ちとその意味とを自分なりにまとめるべきではないかと思い至った次第である。

幸いにして、一五〇年史を執筆する過程で、高度成長期のころに国鉄に関わった方たちへのインタビューを重ね、他の執筆者との議論を繰り返したことで、自分なりに多少は「土地勘」ができていた。それを足がかりに、さらに試行錯誤をしながらなんとか書き上げたのが本書である。行き届かない点や異論は多くありうるだろうが、今後の議論のダシとなれば幸いである。

二〇二三年一一月

鈴木勇一郎

鈴木勇一郎（すずき・ゆういちろう）
一九七二年、和歌山県生まれ。青山学院大学大学院文学研究科博士後期課程修了。博士（歴史学）。専攻は日本近代史、近代都市史。
現在、川崎市市民ミュージアム学芸員。
主な著書に『電鉄は聖地をめざす』（講談社選書メチエ）、『おみやげと鉄道』（講談社）、『近代日本の大都市形成』（岩田書院）など。

国《こく》鉄《てつ》史《し》

二〇二三年一二月　七日　第一刷発行
二〇二四年　二月　八日　第二刷発行

著者　鈴《すず》木《き》勇《ゆう》一《いち》郎《ろう》

発行者　森田浩章
発行所　株式会社講談社
東京都文京区音羽二丁目一二—二一　〒一一二—八〇〇一
電話（編集）〇三—五三九五—三五一二
（販売）〇三—五三九五—五八一七
（業務）〇三—五三九五—三六一五
装幀者　奥定泰之
本文データ制作　講談社デジタル製作
本文印刷　株式会社新藤慶昌堂
カバー・表紙印刷　半七写真印刷工業株式会社
製本所　大口製本印刷株式会社

ISBN978-4-06-534196-4　Printed in Japan　N.D.C.210　274p　19cm

講談社選書メチエの再出発に際して

講談社選書メチエの創刊は冷戦終結後まもない一九九四年のことである。長く続いた東西対立の終わりはついに世界に平和をもたらすかに思われたが、その期待はすぐに裏切られた。超大国による新たな戦争、吹き荒れる民族主義の嵐……世界は向かうべき道を見失った。そのような時代の中で、書物のもたらす知識が一人一人の指針となることを願って、本選書は刊行された。

それから二五年、世界はさらに大きく変わった。特に知識をめぐる環境は世界史的な変化をこうむったとすら言える。インターネットによる情報化革命は、知識の徹底的な民主化を推し進めた。誰もがどこでも自由に知識を入手でき、自由に知識を発信できる。それは、冷戦終結後に抱いた期待を裏切られた私たちのもとに差した一条の光明でもあった。

その光明は今も消え去ってはいない。しかし、私たちは同時に、知識の民主化が知識の失墜をも生み出すという逆説を生きている。堅く揺るぎない知識も消費されるだけの不確かな情報に埋もれることを余儀なくされ、不確かな情報が人々の憎悪をかき立てる時代が今、訪れている。

この不確かな時代、不確かさが憎悪を生み出す時代にあって必要なのは、一人一人が堅く揺るぎない知識を得、生きていくための道標を得ることである。

フランス語の「メチエ」という言葉は、人が生きていくために必要とする職、経験によって身につけられる技術を意味する。選書メチエは、読者が磨き上げられた経験のもとに紡ぎ出される思索に触れ、生きるための技術と知識を手に入れる機会を提供することを目指している。万人にそのような機会が提供されたとき初めて、知識は真に民主化され、憎悪を乗り越える平和への道が拓けると私たちは固く信ずる。

この宣言をもって、講談社選書メチエ再出発の辞とするものである。

二〇一九年二月　　野間省伸

「民都」大阪対「帝都」東京　原　武史
喧嘩両成敗の誕生　清水克行
日本軍のインテリジェンス　小谷　賢
近代日本の右翼思想　片山杜秀
アイヌの歴史　瀬川拓郎
本居宣長『古事記伝』を読むⅠ〜Ⅳ　神野志隆光
アイヌの世界　瀬川拓郎
戦国大名の「外交」　丸島和洋
町村合併から生まれた日本近代　松沢裕作
源実朝　坂井孝一
満蒙　麻田雅文
〈階級〉の日本近代史　坂野潤治
原敬（上・下）　伊藤之雄
大江戸商い白書　山室恭子
戦国大名論　村井良介
〈お受験〉の歴史学　小針　誠
福沢諭吉の朝鮮　月脚達彦

帝国議会　村瀬信一
「怪異」の政治社会学　高谷知佳
大東亜共栄圏　河西晃祐
永田鉄山軍事戦略論集　川田　稔編・解説
享徳の乱　峰岸純夫
大正＝歴史の踊り場とは何か　鷲田清一編
近代日本の中国観　岡本隆司
昭和・平成精神史　磯前順一
叱られ、愛され、大相撲！　胎中千鶴
武士論　五味文彦
鷹将軍と鶴の味噌汁　菅　豊
戦国日本の生態系《エコシステム》　高木久史
日本人の愛したお菓子たち　吉田菊次郎

日本語に主語はいらない　金谷武洋
テクノリテラシーとは何か　齊藤了文
どのような教育が「よい」教育か　苫野一徳
感情の政治学　吉田　徹
マーケット・デザイン　川越敏司
「社 会《コンヴィヴィアリテ》」のない国、日本　菊谷和宏
権力の空間／空間の権力　山本理顕
地図入門　今尾恵介
国際紛争を読み解く五つの視座　篠田英朗
易、風水、暦、養生、処世　水野杏紀
丸山眞男の敗北　伊東祐吏
新・中華街　山下清海
ノーベル経済学賞　根井雅弘編著
日本論　石川九楊
丸山眞男の憂鬱　橋爪大三郎
危機の政治学　牧野雅彦
主権の二千年史　正村俊之

機械カニバリズム　久保明教
暗号通貨の経済学　小島寛之
電鉄は聖地をめざす　鈴木勇一郎
日本語の焦点　日本語「標準形《スタンダード》」の歴史　野村剛史
ワイン法　蛯原健介
MMT　井上智洋
快楽としての動物保護　信岡朝子
手の倫理　伊藤亜紗
現代民主主義　思想と歴史　権左武志
やさしくない国ニッポンの政治経済学　田中世紀
物価とは何か　渡辺　努
SNS天皇論　茂木謙之介
英語の階級　新井潤美
目に見えない戦争　イヴォンヌ・ホフシュテッター　渡辺　玲訳
英語教育論争史　江利川春雄
人口の経済学　野原慎司